J'avais quatre heures...

Chronique d'une adolescence

Du même auteur :

«D'Elles à eux»
L'Harmattan 2000
recueil de nouvelles, primé au prix littéraire Barokas

«Une Pause à Tivaouane»
L'Harmattan 2002
récit de voyage

«Le Temps d'un silence»
Chronique calédonienne
L'Harmattan 2005
récit

Méthodes pédagogiques :

«Communiquer en anglais à l'hôpital»
Estem, 2004

«Réussir son stage en anglais à l'étranger»
De Boeck, 2005

«Communiquer en anglais dans l'hôtellerie et la restauration»
De Boeck, 2006

«Yoga et santé»
De Boeck, 2007

Photo de couverture Denis Lenoble

Francy Brethenoux-Seguin

J'avais quatre heures...

Chronique d'une adolescence

L'Harmattan

© L'Harmattan, 2007
5-7, rue de l'Ecole polytechnique ; 75005 Paris

http://www.librairieharmattan.com
diffusion.harmattan@wanadoo.fr
harmattan1@wanadoo.fr

ISBN : 978-2-296-03020-6
EAN : 9782296030206

À Geneviève,

1

J'avais quatre heures...

Dans le lit en fer blanc, les yeux fermés, je rêvais de la mer chaude à laquelle je venais d'être arrachée. On ne m'attendait pas. L'autorité médicale avait avisé mes parents – « Ce sera un beau garçon ». Les deux cœurs battant à l'identique dans le ventre maternel avaient dupé le diagnostic du médecin.

Les bruits ronds, étouffés, du ventre maternel cédaient la place aux sons aigus, stridents et affolants du monde perturbant. Mes sursauts témoignaient de leur passage près de moi.

Ma mère, déjà distante, me donnait le sein. Il était chaud, à peine rassurant. Il fallait le partager. J'avais besoin de peu.

Près de moi, un corps jumeau, en tout point dissemblable au mien. Et pourtant, nous sortions du même ventre, le même jour. L'infirmière d'une voix étrangère nous informait rapidement de notre identité – « Ce sont des fausses... ».

Je reprenais contact avec le corps de ma jumelle dans le lit que nous partagions ou dans ce landau aux formes énormes, encombrantes et déjà démodées. Ce faux double me tenait compagnie, continûment.

2

J'avais un an. Un peu plus peut-être.

Enfermées dans le même parc en bois, nous partagions ma sœur et moi nos jouets, nos pleurs et nos attentes. Sa main se tendait souvent. Je l'embrassais ou la mordais.

Je marchais la première et escaladais ces barreaux démesurément hauts. L'attirance de l'indépendance avait déjà sur moi posé son dévolu. Mon frère, de deux ans mon aîné, me narguait avec ses jeux et sa liberté. Ma sœur pleurait de me voir s'éloigner. Je pleurais d'être remise dans cette prison enfantine.

L'inaccessible m'appelait, mon frère me défiait, ma jumelle me retenait.

Je méprisais ses épaules et m'en servais pour escalader la haute barrière qui mène vers l'irrésistible inconnu. Cet enclos garantissait à la « bonne » une tranquillité qui lui permettait de vaquer à ses mille corvées. La fréquence de plus en plus répétée de mes invasions la lassait. Elle décidait de ne plus m'y remettre.

Je venais de bannir ma première frontière.

Ma sœur, sage et docile, me regardait de l'autre côté des barreaux envieuse et silencieuse. Je m'éloignais de plus en plus : trop de choses à découvrir, tant de mondes à visiter. N'ayant conscience d'aucun danger, tout devenait possible. C'était les tapes sur les mains, puis en cas de récidive les fessées, qui devaient me faire comprendre ce qui était autorisé et ce qui ne l'était pas. Pourquoi fallait-il que ce soit l'interdit qui me fascinait le plus ?

Dans l'armoire murale, dont les deux immenses portes étaient restées entrouvertes, j'apercevais une boîte bordeaux. Je la reconnaissais pour l'avoir vue plusieurs fois sur les genoux de la « bonne ». Trésor fabuleux rempli de couleurs qui se déroulaient indéfiniment si peu que l'on tirait sur le bout d'un fil : la boîte à couture.

Elle trônait sur la troisième étagère, mais semblait accessible puisque visible. Il me fallait donc imaginer l'échafaudage audacieux qui me porterait jusque là-haut. Je poussais une des chaises vertes de la salle à manger en la faisant glisser sur le plancher. Je l'escaladais lentement et déterminée. Je m'aidais de la première étagère pour me mettre debout et tendais la main vers l'objet convoité. Lorsque je levais les yeux vers la boîte en carton, je réalisais qu'elle était sur l'étagère supérieure. Une courte déception passée, je commençais à gravir la deuxième : mes doigts venaient de la frôler. Ne pouvant la saisir, je

décidais de la faire glisser afin de la faire tomber. Est-ce le bruit des bobines, ciseaux et boutons ou les cris de ma sœur qui donnaient l'alerte ? Le résultat était immédiat : des pas précipités, une voix en colère, des mains sèches et violentes me tombaient dessus...
Je venais de comprendre l'incompréhension de ma témérité. Plutôt que de la récompenser par des encouragements, on la punissait par une fessée...

La fessée...
Il y avait la fessée promise. Celle que l'on suspendait au-dessus de la tête comme une menace facile et qui faisait gagner du temps. Il y avait la fessée rapide. Celle qui ne durait pas longtemps car d'autres besognes pressaient. Il y avait la fessée acharnée. Celle qui tardait à finir, emportée par l'emprise de l'hystérie. Elles avaient toujours en commun la dureté de la violence et parfois celle de l'injustice.

Combien fallait-il en recevoir pour que je finisse par obéir ? Mais obéir pour quoi ?

L'obéissance, je l'avais très vite compris, allait systématiquement à l'encontre de la plupart de mes désirs. Il suffisait que je veuille aller quelque part, que je veuille m'amuser avec un objet pour que cela me soit interdit.

Alors, non, je n'étais pas obéissante !

La « bonne », de sa voix aiguë et impitoyable, me lançait : « Dis, tu vas obéir, oui ? »

Je ne répondais pas et quittais la cuisine la tête baissée, le regard sombre et déterminé. Non, je ne cédais pas.

Les fessées ne me faisaient jamais peur.

Pourtant la nuit, un cauchemar venait souvent hanter mon sommeil de petite fille. La porte de notre chambre s'ouvrait. Un filet de lumière laissait entrevoir la silhouette maigre et effrayante de la « bonne ». À la main, une hache ; dans ses yeux, le noir de la colère. Elle venait me tuer. Je le savais. Alors je me cachais sous mes draps pour retarder le moment où elle atteindrait mon lit. Elle marchait au ralenti et mettait un temps infini à traverser la chambre. Je ne savais pas ce qui l'empêchait d'aller plus vite.

J'avais peut-être peur des fessées...

3

J'avais quatre ans.

Dans la salle à manger, nous découpions ma sœur et moi les enfants des magazines qui avaient la chance de changer de vêtements à chaque page. Nous étions assises sur les chaises vertes en skaï à l'extrémité de la table en acajou verni, recouverte d'une toile cirée – «pour pas salir».

L'imprécision des ciseaux m'irritait et malmenait l'application que je mettais à contourner ces habits que je ne porterais jamais. Je m'énervais – «Ils sont bêtes ces ciseaux!» –, puis mettais un terme à cette occupation.

Agacée.

Il fallait trouver une autre distraction pour envahir le temps. Mais le temps, c'était quoi? A quoi servait-il?

«Dis, on est le matin ou l'après-midi?

– L'après-midi. On va bientôt goûter.»

Gourmande la sœur.

Une fois, j'ai voulu lui faire peur.

Nous jouions avec nos ours en peluche. Ils n'étaient pas câlins. Leurs poils drus nous inspiraient de très courtes tendresses.

L'ours de ma sœur était blanc sale. Le mien marron moche. Il était malade. Il fallait l'opérer. Je prenais les ciseaux dans la boîte à couture et lui enfilait une large entaille de la nuque jusqu'au bas du dos.

Déception. Il était rempli de paille. Je pensais y trouver du sang, des os, des muscles. Il n'était pas comme nous... Je remettais la paille à sa place et prenais une grosse aiguille pour finir l'opération.

Les points maladroits et grossiers ajoutaient à la grande désillusion que je venais d'essuyer. Il fallait cacher cette cicatrice insupportable. Dans ma boîte à peintures, il y avait des petits ronds remplis de toutes les couleurs. Mélangés à un peu d'eau, on inventait les teintes qu'on voulait. Pour faire du marron, la couleur de la peau de mon ours, je mélangeais du jaune, du bleu et du vert. Résultat : vert caca d'oie. Tant pis. La balafre était dans le dos. On ne verrait rien.

On ne voyait que ça. Ma sœur me regardait.

« Il est pas beau ton ours maintenant. »

Mes yeux se posaient sur le sien... Même blanc sale, il était splendide. Il fallait m'en débarrasser.

Je lui demandais de me suivre sur le balcon et la convainquais de laisser tomber son ours dans le puits en-dessous, lui promettant que j'irai le pêcher par la suite. Après quelques hésitations, elle le lâchait dans la gueule noire du puits.

J'avais gagné, elle ne le reverrait jamais plus.

4

Quand mon frère me disait « tu viens, on va jouer », j'étais la plus heureuse du monde. Il me délaissait si souvent pour ses copains. Seuls les jeux de garçons me fascinaient. Ceux des filles m'agaçaient. Habiller sa poupée, faire la cuisine pour de faux me lassaient très vite.

« A quoi on joue ? »

Il pouvait faire la proposition qu'il voulait, il savait que je me plierais à ses choix, sans rechigner. Il avait déjà compris sa supériorité de mâle supposée qu'il avait sur moi et en abusait depuis longtemps.

« Aux billes !
– D'accord. »

A l'école des filles, on jouait très peu à ce jeu d'adresse. J'étais la meilleure aux osselets, à la corde, mais les billes... En terre colorée, elles roulaient sur le linoléum du couloir. Grande piste où s'exprimaient notre habileté, nos tricheries, nos colères.

La clé de la porte d'entrée résonnait dans la serrure. C'était maman qui rentrait du bureau. Nous courions l'embrasser. Heureux. Très heureux. Elle nous répondait, rapidement, déjà distraite par les réponses aux questions qu'elle posait à la « bonne ».

Etait-ce le bruit lancinant des billes sur le sol ou nos cris de victoire qui l'irritaient ? Très vite, elle nous demandait de cesser. Le couloir n'était pas une cour de récréation.

« Allez vous amuser dehors tant qu'il fait beau.
– À quoi on joue ?
– À la guerre. »

Mon frère, très informé, connaissait parfaitement le jargon des situations de combat : Jap, espion, OAS, résistant, para...

Le balcon était l'avion d'où nous devions nous arracher pour atterrir deux mètres plus bas dans les framboisiers du jardin. Deux mètres, à cinq ans, c'est un abîme. Les soldats que nous étions devaient tuer des ennemis invisibles qui peuplaient notre jungle. Ils ne m'impressionnaient pas, je savais en venir à bout. C'était le saut de l'avion qui me paralysait de peur. Je n'avais que trois secondes pour la dominer. Du haut de sa suffisance, mon frère me criait : « Soldat, attention ! Un, deux, trois, go ! sautez ! »

Il voulait mettre mon courage à l'épreuve, s'assurer que ma témérité égalait la sienne. Je devais être digne d'être un compagnon de jeu à sa hauteur. Ce qu'il ne savait pas, c'est que ses provocations renforçaient mon entêtement, mon audace et mon héroïsme.

Arrivés dans le jardin, nous changions d'ennemis très rapidement. Il prenait le meilleur rôle, il devenait cowboy. Celui qui gagne toujours. J'avais le mauvais rôle : l'Indien.

Même si je tirais la première et que la flèche de mon pistolet venait se coller dans son cou, il niait. Il affirmait avoir tiré le premier. Seulement, son pistolet à pétard ne laissait aucune preuve.

Je ne me laissais impressionner ni par sa mauvaise foi ni par les coups qu'il m'asénait pour me faire changer d'avis. Je serrais les muscles pour avoir moins mal. Je serrais les dents pour ne pas pleurer. Sa victoire serait de voir mes larmes couler.

Du haut du balcon, la voix de maman me dégageait de cet enfer :

« A table, les enfants. »

Puis, elle se penchait, intriguée par les bruits sourds qu'elle entendait.

« Mais qu'est-ce que vous faites ?
— Rien, répondait mon frère. On joue. »

On jouait à se tuer.

« Allez vous laver les mains avant de manger. »

Ordre impétueux auquel nous devions nous soumettre et auquel j'obéissais en maugréant lorsqu'elles n'étaient pas sales.

Moment d'acrobatie que je mettais au point depuis plusieurs jours. Paresse d'aller chercher une chaise pour être à la hauteur de l'évier, je me hissais sur le rebord puis me propulsais en avant, afin d'atteindre le robinet dans un élan périlleux. Tentative, non moins hasardeuse, pour saisir le savon. Je ne cherchais pas à le garder dans les mains. Je savais que mes velléités pour le récupérer le feraient glisser sur mes doigts et laisseraient leurs empreintes savonneuses. Une fois lasse de ces glissades incontrôlées, je le saisissais fermement et le jetais dans sa boîte.

Que de temps perdu, alors qu'une fine odeur de purée venait narguer mon appétit ! Je me précipitais sur ma chaise.

Mais c'était compter sans la rigueur maternelle :

« Déjà ? Fais voir... C'est ça que tu appelles se laver les mains ! Tu peux recommencer ! »

Alors je retournais vers l'évier, lui donnais un coup de poing, m'imposais des contorsions stupides pour ouvrir le robinet. Cette fois, je me contentais de fixer avec ironie l'eau qui coulait puis revenais à table sachant qu'il n'y avait jamais d'autre contrôle.

5

J'avais six ans et demi.
Nous rentrions dans la classe en rang par deux, les bras croisés, les bouches closes. Les petits devant, suivis des moyens et des grands.
J'étais dans la catégorie des moyens.
Tous les matins, la maîtresse nous lisait une histoire de Jésus-Christ – fils de Dieu et de Marie – qu'elle sortait d'un joli livre rouge avec de belles illustrations. Les bras posés sur nos pupitres, nous écoutions religieusement l'histoire de ce fakir incroyable. Il pouvait marcher sur l'eau sans tomber au fond, multiplier les pains, changer l'eau en vin. Nous étions impressionnées, attentives, envoûtées.
Pas question de remettre en cause les histoires farfelues des grandes personnes. Les enfants ne doutent pas.
Ce qui m'impressionnait le plus, c'était le pouvoir de

Jésus à tout voir, tout entendre, même nos pensées. Quel talent ! Oui. Mais je devais supporter la désagréable sensation d'être toujours observée, jugée, voire condamnée.

Ce qui me terrorisait le plus, c'était son ennemi : le diable. Je pouvais me retrouver en enfer avec lui, « à brûler dans les flammes pour l'éternité ».

L'éternité ? Un mot que je ne comprenais pas, mais qui, associé à ceux qui le précédaient, lui donnaient une résonance effroyable.

La maîtresse passait remplir d'encre violette nos encriers en porcelaine blanche.

L'heure était à la souffrance : composition d'écriture. Nous devions recopier au mieux, dans notre cahier, les phrases écrites au tableau :

« N'oubliez pas de respecter les pleins et les déliés. »

Non seulement nous imposait-elle de reproduire des mots sans sortir des lignes, mais en plus il fallait obéir aux pleins et aux déliés.

Les pleins étaient les plus traîtres. Je devais maîtriser une pression plus forte sur la plume sergent-major en descendant, ce qui conduisait, inévitablement, à l'erreur fatale : le pâté. Je me précipitais sur mon buvard pour arrêter l'hémorragie et me lançais dans l'aventure risquée : effacer l'encre sur la feuille quadrillée.

« Maîtresse, euh, j'ai fait un trou...

– Elle a fait un trou », reprenaient en chœur mes voisines faussement compatissantes.

J'avais déjà cerné le monde de l'hypocrisie. Elles se réjouissaient intérieurement de cette faute grave qui m'écartait définitivement d'une bonne place en composition d'écriture. Comment le savais-je ? Je ressentais la même chose lorsqu'il leur arrivait une mésaventure identique. Leur jubilation me chauffait les joues, cuisait mon orgueil. Je me vengerais à la récréation, au ballon-prisonniers.

L'heure était au plaisir : leçon de calcul. Les lettres m'ennuyaient, les chiffres me fascinaient. Avant de commencer à calculer les opérations inscrites dans mon cahier, j'oubliais rarement de me pousser vers le milieu du banc afin de laisser une place pour mon ange gardien. La maîtresse nous avait raconté qu'il était toujours à nos côtés pour nous protéger. Je devais en prendre soin.

Les additions étaient mes opérations préférées. J'étais la plus rapide pour compter sur mes doigts et finissais toujours la première. Les soustractions m'agaçaient un peu. Au tableau, impeccablement écrites, deux additions et deux soustractions attendaient d'être résolues.

« Vous avez cinq minutes pour trouver les résultats. »

La course était partie. Soudain, c'était la stupéfaction. Impossible de calculer la dernière soustraction. Après trois essais, je tentais l'approximation. Ainsi, anticipais-je, inconsciemment, une grande question : le calcul était-il une science exacte ?

Nous donnions nos réponses à tour de rôle. Jusque-là, j'avais tout juste. J'attendais avec impatience le reste de cette satanique soustraction. Toutes les élèves interrogées avaient donné un faux résultat. Je découvrais sur le visage de la maîtresse un rictus que je ne lui connaissais pas. Bien qu'aucune bonne réponse n'était donnée, elle ne semblait pas en colère. Je devinais quelques minutes plus tard qu'il s'agissait d'un sourire malsain. En dernier lieu, elle demandait toujours la solution à la première de la classe.

« Anne, je t'écoute.

– Maîtresse, cette soustraction est impossible. »

Comment osait-elle remettre en cause l'intelligence de la maîtresse ? Je la regardais, étonnée. Elle d'habitude si docile, si respectueuse. Pourquoi se mettait-elle en danger pour une ridicule soustraction ? J'étais encore plus déconcertée par l'expression de la maîtresse, qui la regardait comme si elle la complimentait silencieusement.

« Explique-toi, Anne.

– Maîtresse, cette soustraction est impossible parce que le chiffre du haut est inférieur au chiffre du bas ! »

Un « compliments, Anne » mettait fin à toutes mes interrogations. Je savais qu'Anne était une élève imbattable, mais qu'elle ait réussi à mettre en doute un problème posé par la maîtresse... Elle avait déjà compris qu'il ne fallait pas toujours faire confiance, même à la maîtresse.

Je m'en voulais de ne pas l'avoir deviné avant elle.

6

J'avais sept ans.

Nous mangions dans la cuisine quand papa n'était pas là. Nous y mangions très souvent.

Le Frigidaire aux coins arrondis nous imposait sa présence énorme et nous laissait un espace misérable entre lui et la table en Formica. La cuisinière à bois ronronnait de son souffle brûlant. Dans le four, trois briques imprégnées de sa chaleur. A l'heure du coucher, elles étaient disposées dans nos lits respectifs, pliées dans du papier journal. Mes pieds s'approchaient de cette fournaise rectangulaire avec précaution pour ne pas me brûler. Au milieu de la nuit, mes orteils venaient se cogner contre cette pierre que je maudissais de s'être si vite refroidie.

Pour m'endormir, je programmais mon premier rêve. M'allonger sur le côté droit m'assurait une histoire de cow-boys. M'étendre sur le côté gauche, un dessin animé. M'étirer sur le dos, une histoire d'amour.

Je n'aimais pas le petit-déjeuner. Il me faisait perdre des minutes précieuses de sommeil. Dix minutes arrachées à la douceur tiède de mes draps.

Maman exigeait que nous ne partions pas le ventre vide à l'école.

Elle utilisait toutes les ruses pour arriver à me faire avaler quelque chose. Un jour, elle achetait de l'Ovomaltine. Le goût du chocolat me séduisait. Elle avait gagné. Je l'avalais, presque avec gourmandise.

Ce qu'elle ignorait c'est que ma sœur et moi n'arrivions jamais à jeun à l'école. Tous les matins, nous devions nous arrêter acheter une demi-baguette pour le déjeuner à la cantine.

Déjà, l'odeur...

La boulangerie envahissait notre rue des effluves du pain fraîchement cuit. Avant de pénétrer dans la boutique, nos narines étaient enivrées de son parfum.

Puis, la vue.

Les baguettes, parfaitement alignées, attendaient les clients. Nous pensions être les premières. Leur couleur, ocre doré, me fascinait. J'imaginais la croûte croustillante craquer sous mes dents de lait. La boulangère de sa voix légère nous demandait :

« Bien cuite, la baguette ? »

Je répondais en connaisseuse :

« Bien cuite. »

Le chemin qui nous menait à l'école n'était pourtant

pas très long. Nous résistions à la tentation seulement les dix premiers pas. Puis, j'arrachais sauvagement un premier morceau. En tendais un à ma sœur. Ainsi jusqu'au portail de l'école.

Quand nous arrivions, il ne nous restait plus qu'à jeter dans la poubelle le fin papier qui enveloppait cette flûte délicieuse.

Mon père.
Tendre. Violent.
Je voulais qu'il me regarde comme il regardait mon frère.
Je voulais qu'il me parle comme il parlait à mon frère.
Souvent il me disait :
« Quel dommage que tu ne sois pas un garçon ! »
J'avais compris : il me faudrait être la meilleure si je voulais qu'il m'aime autant que lui.
Après les repas, je regardais mon père fumer. De sa cigarette s'échappait une fumée bleue. Quand il la recrachait, elle sortait grise. Il pouvait parler pendant plusieurs phrases sans que la fumée ne cesse de s'évaporer de sa bouche. Comment faisait-il pour ne pas s'étouffer ?
Fascinée.
Quand je serai grande, je fumerai.

Instant de bonheur.
Il me prenait sur ses genoux, mettait un trente-trois tours sur le tourne-disque et m'expliquait la musique classique. Sur la pochette rose pâle, un homme et une femme reposaient l'un près de l'autre : Roméo et Juliette.

Il m'apprenait le langage des violons. Selon les notes, le rythme, il savait ce que Tchaïkovski voulait nous raconter. Cette musique m'effrayait et m'étourdissait, particulièrement quand les instruments se déchaînaient pour exprimer leur colère, leur peur ou leur tristesse. Leurs vibrations au fond de mon ventre donnaient naissance à des émotions inconnues jusqu'alors. J'étais transportée dans des mondes tour à tour merveilleux, effroyables.

Je ne craignais rien, j'étais assise sur les genoux de mon père.

Instant de frayeur.
Le carnet de notes arrivait chaque fin de semaine. Les résultats n'étaient pas brillants, les commentaires de la maîtresse me trahissaient : « N'apprend pas ses leçons. »

Faux. Je les apprenais mais ne les retenais pas. Pourquoi ? Parce que je ne les comprenais pas.

« Je te donne cinq minutes pour ta leçon d'histoire ! »

Je savais ce que mon père sous-entendait. Cet ordre me terrifiait.

Je répétais à voix basse :

« En 1515, François Ier succède à son cousin Louis XII. Prince de la Renaissance, son règne marque profondément le XVIe siècle. Il... »

J'avais tellement peur que mes lèvres tremblaient, mes pensées se bousculaient. Rien n'avait plus de sens, ni ce que je lisais, ni la façon dont mon père me faisait apprendre mes leçons.

Ça s'appelle la terreur. Je ne connaissais pas encore le mot. Lui, ignorait-il qu'il me l'infligeait ?

« Je t'écoute. »

Seule la première phrase sortait d'un jet rapide. Les suivantes s'étiraient maladroitement pour se noyer dans une succession de « euh... », « euh... »

Le trou.

Je ne me souvenais plus de rien.

J'attendais la suite. Je la connaissais.

Il me déculottait et me frappait sur les fesses de toutes ses forces. Mon père était très fort.

Je montais dans ma chambre en pleurant et ne résistais pas à l'envie de regarder dans la glace les marques rouges laissées sur mon postérieur. « Plus rouge que la dernière fois », pleurnichais-je.

Pourquoi n'avais-je pas de mémoire ?

7

Je m'ennuyais.

Il n'y avait pas école tous les jours. Il fallait que j'attende d'être dans la cour de récréation pour jouer avec d'autres enfants.

Je demandais souvent à la « bonne » la permission pour sortir dans la rue.

« Pour quoi faire ? », répondait-elle invariablement.

– Pour m'amuser avec les voisines...

– Tu n'es pas bien ici ? Tu as ta jumelle pour jouer. Ça ne te te suffit pas ? »

Non.

Je voulais rire, crier, courir, avoir chaud.

Pour obtenir ce que je désirais, j'inventais des histoires. Pas de mémoire, mais une très bonne imagination. Les mensonges, c'était les adultes qui m'obligeaient à les inventer. Sinon comment serais-je parvenue à mes fins ?

J'avais beau être très convaincante, la bonne se méfiait de moi. Elle avait plusieurs fois démasqué mes supercheries. C'est ainsi qu'elle m'encourageait, à son insu, à en inventer de plus en plus invraisemblables, à avoir de plus en plus d'aplomb, à acquérir un pouvoir de persuasion phénoménal.

« La maîtresse m'a dit d'apporter les devoirs à Christine qui est malade. Je peux y aller ?

– Où ça ?

– Chez Christine.

– Fais vite alors ! »

J'ouvrais la porte d'entrée et me précipitais dans la rue en courant. L'air frais caressait mes joues de petite menteuse. J'avais gagné une heure hors de la monotonie. Je devais sauter plusieurs fois pour atteindre la sonnette de la maison de Christine. A la troisième tentative, j'entendais résonner dans le couloir le signal de mon arrivée. Une fenêtre au deuxième étage s'ouvrait. La mère de ma voisine penchait son visage disgracieux et me demandait, suspicieuse, ce que je voulais. Elle le savait. Pourquoi exigeait-elle une réponse ? Elle ne m'aimait pas. Moi non plus.

Christine descendait m'ouvrir et nous allions jouer dans l'immense sous-sol de sa maison. Elle me faisait la morale, me disait que nous ne devions pas faire de bêtises. On aurait dit que c'était sa mère qui parlait.

Nous jouions à cache-cache, à chat perché. Ce que je préférais, c'était tourner comme une toupie autour des grands piliers métalliques qui soutenaient le plafond. J'y enroulais mes bras et abandonnais le poids de mon corps en pivotant à toute vitesse. Le jeu consistait à s'étourdir. Derviches tourneuses miniatures. Nos corps s'alourdissaient de plus en plus, nos têtes s'enivraient de cette valse au tempo infernal.

La folie de ma danse fit tomber le pilier auquel j'étais suspendue. Le plafond allait s'abattre sur nous. Nous quittions en courant le sous-sol, persuadées que nous allions être ensevelies. Je me précipitais chez moi, laissant la maison des voisins s'écrouler.

Les minutes passaient et j'attendais à tout moment que le père de Christine vienne sonner chez nous pour crier à mon père :

« Votre fille, Marie, a encore fait une bêtise. Notre maison s'est effondrée ! »

Nous dînions, il n'arrivait toujours pas. Je pensais à la fessée que mon père allait me donner. Je n'osais pas imaginer les ruines de la maison d'en face. Comment avais-je pu avoir autant de force ?

La soirée continuait, imperturbable, comme si rien ne s'était passé.

Le lendemain à l'école, je me précipitais vers ma voisine et lui demandais :

« Alors, ta maison... Elle est dégringolée ?
– Non. Mais mon père a dit qu'il ne voulait plus que tu viennes chez nous, parce que tu fais que des bêtises ! »

La cour de récréation.

Le lieu où j'exprimais au mieux ce pour quoi j'étais faite : gagner. Je me vengeais des humiliantes défaites imposées par mon frère. Ici, j'étais la plus forte.

Ma nature s'exprimait dans son intégralité.

Mon opiniâtreté. Mon audace. Mon insolence.

Le jeu du ballon-prisonniers me donnait l'occasion rêvée de mettre en évidence ma force et ma témérité. Je devais, souvent, venir au secours des plus faibles tombées aux mains de l'ennemi. L'enjeu était à la hauteur de ce que j'attendais : être héroïque.

J'arrivais même à contrer les tirs des plus grandes du certificat d'études. Ma petite taille ne fragilisait en rien la précision et la force de mes tirs. J'étais la meilleure. Elles devaient toutes en convenir. C'était dans la cour de récréation que je faisais l'admiration des maîtresses. Je les entendais : « Regardez la petite Marie. Quelle détermination ! Elle joue comme un garçon ! » Le plus beau des compliments venait de m'être adressé.

Puis nous sautions à la corde. Au fur et à mesure des figures recherchées, la corde tourbillonnante montait, montait. Les moins habiles, qui la touchaient de leurs pieds, étaient éliminées. Seules restaient les deux plus résistantes, les deux plus résolues.

Moi et Lydie.

Bien que rivale, j'admirais sa volonté, son énergie parfois supérieure à la mienne. Je la respectais.

Un cabinet d'architecte de deux étages donnait sur la cour de récréation. J'avais remarqué, à plusieurs reprises, le regard d'un jeune homme. Il se tenait immobile derrière la fenêtre du second étage. Je n'y prêtais guère d'attention. A huit ans, les préoccupations sont ailleurs.

Seulement...

Les pauses qu'il prenait devant la fenêtre étaient de plus en plus longues. J'avais un admirateur qui prenait plaisir à me regarder gagner.

Étrange la sensation qui m'envahissait lorsque nos regards se croisaient.

Premier émoi.

J'appelais cela du « chaud dans le corps ».

8

Le dimanche était un jour où j'engrangeais des images de mon père.

Son métier l'amenait souvent à quitter le foyer. C'est ce qu'il disait à ma mère. C'est ce que nous croyions tous.

Tentative osée du dimanche matin où trois petites voix venaient conquérir l'autorisation de se plonger dans le lit conjugal. La crainte du refus minimisait nos demandes. Alors, lorsque nous obtenions la permission, c'était picorer le bonheur.

Équilibre sur les genoux repliés de mon père, rires voyageant d'une gorge à l'autre, chansons hurlées à tue-tête.

Trop vite, mon père reprenait son autorité :

« Ça suffit, les enfants ! Sortez du lit ! C'est l'heure du bain. »

Je quittais cet instant de plénitude avec une invisible tristesse pelotonnée au fond de ma chemise de nuit.

La « toilette en grand ».

Une fois par semaine, nos petits corps faisaient l'objet d'une inspection minutieuse. Pas une parcelle de notre épiderme n'échappait au grattage. Notre peau était astiquée comme si elle devait briller.

Je découvrais, très jeune, deux supplices régulièrement imposés aux enfants. La taille des ongles et le shampooing. Le premier, généralement infligé par ma mère, consistait à couper avec des petits ciseaux les ongles aussi ras que possible juste avant d'entailler la peau. Je détestais la désagréable sensation qui s'en suivait. La sensibilité du bout de mes doigts semblait avoir quadruplé.

Le supplice du shampooing était tout aussi redouté. Malgré les mots rassurants de mon père – « Cette fois, ça ne te fera mal » –, le liquide brûlant venait, irrémédiablement, torturer mes yeux.

Les pleurs fusaient. La rancœur suivait.

Le faisait-il exprès ? Je ne crois pas. Ce n'était pas un méchant homme.

Etait-ce par vengeance inconsciente que je lui fis la surprise qui suit ?

Mon père souffrait de conjonctivite. Tous les matins, après s'être rasé, il mettait un liquide à l'aide d'un compte-gouttes afin de calmer le rouge de ses yeux. Trois gouttelettes dans chaque œil. Puis il s'aspergeait « d'eau de toilette pour homme ». Son odeur embaumait la salle de bain. Je m'en imprégnais jusqu'à l'ivresse.

J'étais sous le charme de ces deux rituels paternels.

Mon imagination enfantine accomplissait, certains

jours, des prouesses. Un après-midi de désœuvrement, je m'installais dans la salle de bains et m'enfermais à double tour. Ma sœur, curieuse, tambourinait à la porte : « Mais, qu'est-ce que tu fais ? »

Toujours à l'affût de mes exploits.

Je vidais la petite fiole qui contenait le liquide apaisant pour la conjonctivite de mon père et le remplaçais par le suc suave de son eau de toilette. Je m'aspergeais de quelques gouttes et remettais le flacon consciencieusement à sa place.

Ce n'est que le lendemain matin, en attendant les hurlements de mon père dans la salle de bain, que je comprenais la faute.

Je le trouvais, cependant, assez douillet et j'étais déçue de le voir si peu dominer sa douleur.

« Qui a fait ça ? »

Les yeux accusateurs de mon frère et de ma sœur se tournaient dans ma direction. Comment savaient-ils ? Personne ne m'avait vue...

Mon père se désolait : « Quand vas-tu cesser tes conneries ? »

Pourquoi ne comprenait-il pas ma magnifique invention ? J'avais improvisé un compte-gouttes magique qui répandait son odeur quand je le désirais. Ainsi, même dans l'absence, je pouvais m'asperger de l'odeur de sa présence.

Après le bain cérémoniel du dimanche matin, ma mère commençait sa longue litanie. Elle ne cessait de répéter : « Dépêchez-vous, vous allez être en retard à la messe. »

C'est ce que nous cherchions.

La corvée religieuse s'allégeait grâce à la joie que j'avais à me parer de mes « habits du dimanche ». Ils ne portaient pas les traces humiliantes de raccommodage des vêtements de la semaine.

Béret bleu marine, assorti au manteau. Chaussettes blanches et chaussures neuves que nous n'avions pas le temps d'user. Parcimonie absurde pour défier le gaspillage.

Rien n'était reprisé, pas même la jupe écossaise harmonisée au rouge du pull-over.

Les « jumelles », habillées à l'identique, sautaient le long du rebord des trottoirs, marchaient à reculons, jouaient à la puce. Nous faisions tout pour ralentir notre arrivée dans cette église où régnait un froid glacial, où se parlait une langue incompréhensible, le latin.

Je suivais en bonne chrétienne la messe dans mon missel, sans en saisir un seul mot. Et les grandes personnes, faisaient-elles semblant de comprendre, elles aussi ?

Mystère de la foi.

Ite misa est.

9

Tous les ans, nous partions ma sœur et moi en colonie de vacances « pour les filles ». C'était très loin de la maison. Il fallait prendre un bus qui nous amenait au sud de la Charente, à Padirac. Le voyage durait une après-midi. J'avais traversé la France.

La « colo », c'était l'école avec seulement les récréations. Nous n'étions notées sur rien. Je pouvais me livrer, à longueur de journée, à mon passe-temps préféré : gagner.

Je n'aimais pas toutes les activités. Le pire, c'était faire du canevas. Sur la toile était peint avec précision un bouquet de coquelicots. Je devais avec du fil et une aiguille recouvrir entièrement la tapisserie. Épreuve de patience dont je ne comprenais pas la nécessité. A quoi servaient mes points de tige par-dessus cette reproduction parfaite ?

C'était le jeu, il fallait obéir.

Vers la fin du séjour, après de trop nombreuses heures passées sur cet ouvrage, je me dirigeais vers la monitrice, fière de lui montrer l'œuvre accomplie.

Cruelle surprise :

« C'est très bien. Maintenant tu fais la même chose, aux points de croix. »

Elle me demandait de repasser sur mes propres points dans le sens inverse!

J'enrageais.

Je devais attendre la « colo » de l'année suivante pour affronter le pire. Comme toujours, la monitrice nous demandait de reprendre nos canevas respectifs laissés l'année précédente. J'étais ravie, la deuxième couche avec les points de croix était presque terminée. A la fin de la première semaine, je lui amenais l'ouvrage terminé. J'allais enfin pouvoir en commencer un autre. D'une voix incroyablement ordinaire, elle me demandait :

« Très bien. Tu peux tout défaire et recommencer. »

Les temps étaient à l'économie. Mon humeur à la rébellion.

En défaisant la tapisserie qui m'avait pris deux « colos », je donnais un coup de ciseaux malheureux mais intentionné. La toile du canevas amputée de trois cases ne pouvait plus être colorée par mes fils.

J'avais gagné.

J'étais dispensée de couture.

Pourquoi fallait-il que nos jeunes corps, si plein d'énergie, subissent une immobilisation de deux heures sur nos lits dans les dortoirs, tous les après-midis ?

Sans parler, sans rire, sans se lever.

La sieste.

De quoi étions-nous censées être fatiguées ?

Les ordres des adultes allaient si souvent dans le sens inverse de mes désirs...

« Cet après-midi : jeu du trésor. »

La meilleure nouvelle qui pouvait arriver.

Nous étions divisées en deux groupes. Les filles du premier groupe avaient un carton accroché dans le dos où était inscrit un numéro. Elles devaient s'approcher d'un trésor et le dérober. Trésor protégé, bien évidemment, par l'équipe adverse. La difficulté était de s'en approcher sans qu'une ennemie de l'autre équipe ne dévoile notre numéro.

La chasse infernale au trésor commençait. Les unes après les autres, mes coéquipières tombaient dans le piège de l'ennemi. Nous n'étions plus que trois. Cachée derrière une haie, tout près du trésor, je rampais invisiblement, les genoux écorchés par les chardons. Je me retournais prestement sur le dos afin de continuer mon approche subtile, lorsque retentissait :

« Marie, je t'ai vue. Tu as le numéro 18.

– C'est faux. »

Je continuais à ramper ignorant son verdict.

« J'ai vu ton numéro, Marie, t'as perdu !

– Lequel c'est, mon numéro, si t'es si forte ?

– C'est le 18.

– Non, c'est même pas vrai. C'est le 13.

– Et bien, c'est le 13 alors. »

Double humiliation.

J'avais perdu... à cause de moi. Ma propre trahison m'était insupportable. Je voulais me perdre. Fuir. Retourner chez mes parents.

Je commençais à m'enfoncer dans la forêt de châtaigniers, sans trop savoir vers quelle direction m'abandonner. Après quelques minutes, le bruit lointain des voitures sur la départementale me rassurait. Je n'étais plus seule. Je continuais à m'éloigner de ce monde injuste en pleurant, en injuriant la tricheuse qui m'avait fait me trahir.

De loin, j'entendais la voix de la monitrice m'appeler. Je ne reviendrais jamais. Ça leur apprendrait. Un chemin complice me conduisait en direction de la grand route. Je m'installais sur le bas-côté, essuyais mes larmes, armais mon pouce à la façon des auto-stoppeurs.

Il n'y avait pas de voiture.

Les voix inquiètes de celles qui me cherchaient s'approchaient.

Au loin apparaissait une voiture. Je levais à nouveau le pouce. La main de la monitrice venait de se poser sur mon épaule.

Ma première évasion s'achevait.

10

Quelque chose de très grave venait de se passer à l'école. La Mère Supérieure nous attendait avec la maîtresse devant la porte de la classe. Nous entrions en silence comme d'habitude, l'appréhension en plus.

« Mesdemoiselles, quelque chose d'intolérable vient de se produire dans notre école. »

Je butais sur le mot « intolérable », mais la voix et le visage de la Mère Supérieure sous-entendaient la gravité de cet adjectif.

Bras croisés sur nos pupitres, nous attendions avec impatience et une certaine jubilation ses révélations. Aujourd'hui, la classe ne commencerait pas par la leçon de morale. J'appréciais déjà les ruptures malmenant la monotonie. D'un ton solennel qu'elle ne quittait jamais, la Mère Supérieure ajoutait un tremblement inquiétant dans sa voix. Mise en scène tragique.

« Mesdemoiselles, hier soir, quelqu'un s'est introduit dans la classe, a déchiré plusieurs de vos manuels scolaires et en a griffonné certains. Regardez ! »

Des « oh ! » d'étonnement traduisaient notre stupéfaction de voir nos livres ainsi maltraités.

« Qui a fait ça ? »

Personne ne savait. Je ressentais une certaine admiration vis-à-vis de l'inconnu qui avait osé provoquer la haute autorité scolaire.

Quel culot ! Quel aplomb ! Quelle audace !

Je n'aurais pas osé.

La question était posée une deuxième fois. Le même silence l'accompagnait.

« Si elle se dénonce, la coupable ne sera pas punie. »

Certes, nous étions des enfants, mais pas naïves au point de croire qu'une punition nous serait épargnée. Je soupçonnais une malhonnêteté d'adulte.

« Nous allons faire une enquête puisque personne ne veut répondre. Vous allez écrire le nom de celle que vous estimez être la coupable. »

Je ne compris que plus tard que cette enquête s'appelait délation – dénonciation méprisable inspirée pour le bien de la communauté.

La maîtresse nous distribuait des petits papiers en nous expliquant la consigne :

« Si vous ne savez pas, n'inscrivez rien. »

J'étais étonnée de voir que certaines écrivaient, avec le même sérieux qu'un jour de composition. Chacune cachait de sa main gauche la réponse qu'elle dissimulait à sa voisine.

Je rendais copie blanche.

La Mère Supérieure dépliait chaque papier avec une lenteur cérémonielle. Quel suspense! Nous allions enfin savoir qui avait fait subir cette horrible mutilation à nos livres.

Un silence étouffant envahissait la classe. Le temps s'était arrêté.

« Marie... Ton nom apparaît cinq fois. »

Je ne comprenais pas. Qui pouvait m'accuser aussi lâchement ?

Celles qui ne supportaient de me voir gagner au ballon-prisonniers. Des jalouses. Ce jour-là, je compris très vite que la jalousie tenait une place élevée dans la hiérarchie de la bassesse.

J'étais habitée par la colère, la révolte, la trahison.

Pendant la récréation, la Mère Supérieure et la maîtresse me harcelaient de questions. Pourquoi ? Quand ? Comment ?

Malgré la pression qu'elles m'imposaient afin d'avouer un crime que je n'avais pas commis, je ne cédais pas. J'étais endurante.

Condamnée, mais non coupable.

Elles hésitaient à me punir face à l'obstination que j'avais à plaider mon innocence. Dans le doute, elles me privaient de récréation.

Seule dans la classe, je pleurais ma honte.

Que reste-t-il de la confiance quand l'injustice vient de passer ?

11

Il n'y avait pas école le jeudi. C'était la journée des grand-parents. Mon grand-père maternel habitait assez loin de notre maison. Il venait me chercher avec ma sœur deux fois par mois et nous faisions à pied cette ennuyeuse route qui frôlait de hauts murs, qui suivait indéfiniment la voie ferrée. Il avait la surprenante habitude de se parler à voix haute. Je ne comprenais pas :
« Dis, pépé à qui tu parles ?
– À moi.
– Tu n'as pas besoin de t'entendre alors ! »
Il ne m'écoutait pas et continuait ce monologue absurde.
Les mots qu'il s'adressait résonnaient d'une profonde solitude.
La vieillesse.
L'oubli des autres.

Sa deuxième épouse ne nous aimait pas. Je le lui rendais bien. Je la baptisais « L'Aspic ». Ses yeux, sa langue, ses mots étaient l'écho parfait de ce reptile sournois. Elle pensait se valoriser en critiquant les autres. Fourbe. Fouineuse. Fouettarde.

Au fond de son jardin, ma sœur et moi passions notre après-midi à jouer à la « dînette ». Avec un bâton, nous prélevions du mur le sable des joints et accélérions, sans le savoir, sa chute inopinée. Nous confectionnions des plats pour nos nombreux enfants. D'ailleurs, lorsque nous serions « grandes », nous habiterions dans le même appartement avec eux, sans mari.

« L'Aspic » avait une qualité : elle détenait de la compote de pomme en boîte dans le placard mural de sa cuisine. A l'heure du goûter – quatre heures et demie précises –, elle nous servait chichement deux tartines de pain recouvertes d'une fine couche de cette délicieuse marmelade. J'aurais mangé la boîte entière. Pas question de demander une tartine supplémentaire.

Elle cumulait les défauts comme ma grand-mère paternelle réunissait les vertus.

Celle-ci habitait à une rue de chez nous. Prodigieux hasard. Je la chérissais. Jamais de colères, de réprimandes. Une tasse de gentillesses et de sourires. Elle m'autorisait ce qui m'était interdit à la maison : le repassage. Je m'acquittais de la charge des mouchoirs et des torchons avec le plus grand des sérieux et n'en brûlais aucun. J'honorais la confiance qui m'était donnée.

Son mari, « Grand-Père-Préféré », était un homme plein de puissance, de justice et de bonté. Ses colères, rares mais fondées, explosaient lorsque nos cris bruyants l'empêchaient de travailler dans le bureau attenant à l'immense garage qui nous servait de piste d'entraînement pour nos courses, nos jeux de billes et de ballon. Il sortait de son cabinet et de sa voix d'homme en colère nous demandait de quitter les lieux immédiatement.

Ainsi, rentrions-nous chez nous, tristes d'avoir à partir si précipitamment. Ma relation d'amour avec « Grand-Père-Préféré » fonctionnait sur le mode de la crainte et de la fascination. Il avait à lui une manière juste d'appartenir au monde. Il se dégageait de sa personne la sérénité des êtres qui sont à leur place.

C'était dimanche. Un grand repas se préparait dans la salle à manger des grands-parents. Des tables mises bout à bout, recouvertes de nappes blanches qui frôlaient le sol, traversaient la grande pièce. Je disparaissais sous ce tunnel avec cousins, cousines et faisais tintinnabuler les verres à pied au-dessus de nos têtes.

Des serviettes sur lesquelles étaient brodées les initiales nous recouvraient généreusement jusqu'aux genoux afin de protéger nos habits du dimanche. Au pied de chaque verre se trouvaient des petits cartons où l'on découvrait son prénom. Il ne fallait pas les changer de place, ce que je m'empressais de faire pour être assise près de mon cousin favori.

J'étais habitée par la désobéissance.

Le déjeuner se prolongeait tard dans l'après-midi. J'aimais particulièrement la fin du repas lorsque « Grand-Père-Préféré » faisait tinter le cristal de son verre avec sa petite cuillère. Ainsi nous demandait-il de nous préparer à chanter. Notre répertoire était vaste. Mes oncles et tantes avaient des voix qui me faisaient frissonner. Cette chorale familiale était d'un niveau envié dans tout le quartier.

Les uns après les autres nous étions sollicités pour faire vibrer nos voix. Notre tour arrivait : « Les jumelles ! Les jumelles ! »

Pendant quelques instants, la peur l'emportait sur l'envie que j'avais de chanter. Puis, encouragées par les appels de ce public séduit d'avance, nous entonnions en duo une mélodie dont le refrain se fredonnait à deux voix :

« Ferme tes jolis yeux,
Car les heures sont brèves,
Au pays merveilleux,
Au beau pays du rêve,
Ferme tes jolis yeux,
Car tout n'est que mensonge,
Le bonheur n'est qu'un songe,
Ferme tes jolis yeux. »

Chaque fois que nous terminions cette ballade, un voile embuait les yeux de ma mère. Je ne comprenais pas. Comment pouvait-elle être si triste après un chant aussi bien interprété ?

Je faisais connaissance avec la mort grâce à « Grand-Père-Préféré ». Un matin, ma mère nous a glissé au fond de nos oreilles endormies qu'elle avait une triste nouvelle à nous annoncer :

« Votre grand-père est parti...
– Où ça ?

– Au ciel. Il ne reviendra plus. »
Je l'imaginais heureux, puisqu'au catéchisme, la maîtresse nous avait dit :
« Au paradis, vous aurez tout ce que vous désirerez. »
La mort était donc un rêve permanent où se succédaient enchantement, plaisir et ravissement. Il me tardait de mourir pour vivre tous ces bonheurs et rejoindre mon grand-père. Pourtant, lorsqu'il m'arrivait de le revoir en rêve, je lui demandais de rester. Il me répondait qu'il devait repartir. Une obscure tristesse envahissait ce songe qui me l'avait rendu vivant. Je me réveillais baignée de la joie de l'avoir entrevu et de la douleur de le voir s'éloigner à nouveau.

A quelques maisons de la nôtre, vivait un couple de vieux, laids mais gentils quelquefois. Je n'avais jamais vu une femme avec un nez aussi déformé naturellement. énorme patate vérolée. Elle aimait que je l'embrasse. Sacrifice obligatoire qui me donnait droit à deux carrés de chocolat. Je n'aimais pas particulièrement sa saveur, mais je le mangeais avec le délice de la privation : il n'y en avait pas à la maison.

Son mari était étrange. Il ne parlait pas aux enfants et je n'aimais pas lorsqu'il s'adressait à moi en murmurant discrètement :
« Viens avec moi. »
Il m'amenait dans son garage et s'asseyait derrière un tas de pneus. L'odeur du caoutchouc m'écœurait. Il me demandait de m'asseoir sur ses genoux et me caressait les cuisses en silence. Ses mains n'étaient pas douces, ses

doigts très longs. Il les glissait dans ma culotte et me demandait de ne rien dire. J'avais un peu mal. C'était désagréable. Je commençais à m'impatienter. Enfin, il me laissait partir.

Je rejoignais mes cousines et ma sœur dans la cour de sa maison et leur demandais si le vieux leur faisait la même chose. Elles me répondaient que oui.

Tout était donc normal.

12

Nous jouions à la guerre dans le jardin avec mon frère. Ses tortures étaient de plus en plus féroces, ma résistance de plus en plus coriace. J'étais à l'école de l'opposition, lui à celle de la domination.

Mon frère. Mon héros. Mon tortionnaire.

Ma sœur nous regardait et se tenait à distance de nos violences incompréhensibles. A la fois admirative et effrayée. Je les transposais souvent sur elle. Juste retour des choses pour moi, injustifiable pour elle.

Les taloches commençaient dès le matin, sous la table, au petit-déjeuner. Mon frère m'assénait deux bons coups de brodequins sur mes fines chevilles, puis droit dans les yeux susurrait :

« Si tu le dis, je t'en donne un autre encore plus fort. »

Je plongeais mon visage dans mon bol d'Ovomaltine pour cacher mes yeux larmoyants, sans rien dire.

J'admirais sa force, méprisais sa méchanceté.

Mon père revenait de ces longues absences. J'étais ravie. Certaines fois, il me prenait sur ses genoux pour écouter la radio. Aujourd'hui, c'était les nouvelles. Nous entendions très mal les voix, surtout quand elles venaient d'un pays lointain. Il collait son oreille contre la toile du haut-parleur. Exigeait le silence. Fronçait sérieusement les sourcils.

On écoutait des tirs, des cris, des explosions.
« C'est quoi tous ces bruits ?
– La guerre en Algérie. »
Mais la guerre n'existait pas. C'était un jeu pour enfants. Les adultes ne pouvaient pas y jouer.
« Dis, papa, c'est une guerre pour de faux.
– Non. La guerre, c'est vrai. Écoute ! »
Mon père ne réalisait pas le coup qu'il venait de me porter. Assommée, je descendais de ses genoux, me dirigeais vers ma chambre les jambes tremblantes. Je m'asseyais au pied de mon lit, anéantie par cette révélation imprévisible. Je venais de faire la connaissance de ma première désillusion.

C'était l'hiver.
Le poêle à charbon qui surchauffait la salle à manger n'avait pas assez de force pour entraîner au premier étage sa chaleur complaisante.
Nous nous déshabillions, lentement, devant les boulets incandescents du poêle afin de faire provision de ce bien-être que nous savions provisoire. Ma mère, impa-

tiente de nous voir au lit, mettait trop rapidement un terme à ce rituel :

« Allez, les enfants, allez-vous coucher ! »

Nous nous précipitions en courant dans nos chambres. Très vite, le froid me rattrapait malgré l'énorme édredon qui recouvrait mes draps. Son ampleur était trompeuse. Je grelottais.

Rares étaient les soirs où mon père nous accompagnait dans nos chambres. Immense était le bonheur lorsqu'il balayait de ses grandes mains nos jambes frigorifiées. En quelques secondes, j'étais habitée par sa chaleur qui redonnait à mon corps l'apaisement nécessaire pour sombrer dans le sommeil.

Certaines nuits, ma mère se précipitait dans notre chambre, affolée. Elle nous réveillait en pleurant et nous demandait de descendre dans la salle à manger pour faire une prière. Que se passait-il ?

« Votre père nous a quittés. Il faut prier pour qu'il revienne. »

Nous implorions Marie, mère de Jésus, fils de Dieu, à genoux, devant le crucifix suspendu au-dessus de la porte vitrée :

« Je vous salue, Marie, pleine de grâce, le Seigneur est avec vous... »

À la fin de chaque « Ave Maria », ma mère nous demandait d'ajouter :

« Faites que notre papa revienne, Jésus. Merci. »

Devant tant de croyance et d'émoi, le fils de Dieu ne pouvait résister. Je n'étais pas surprise d'apprendre le lendemain que mon père était revenu. Démonstration irréfutable de l'existence de Dieu.

Certains soirs, mes parents se disputaient. La terre tremblait sous mes pieds et dans mon corps.
C'était toujours pour la même raison. Elle lui disait qu'il était souvent absent. Il lui répondait que son métier était difficile, qu'il devait prendre des risques. Le ton montait, l'agacement se métamorphosait en colère.
L'insulte suprême arrivait :
« Tu ne peux pas comprendre, tu n'es qu'une fonctionnaire ! »
C'était quoi une fonctionnaire ?

13

Pendant les vacances de Pâques, mes parents me faisaient garder par une de leurs amis, Suzanne.

C'était la femme la plus grosse que je connaissais. Ses seins, comme deux oreillers moelleux m'impressionnaient et me rassuraient. Il se dégageait d'elle la gaieté des êtres qui aiment la vie. Chez Suzanne, les heures se rongeaient plus rapidement.

Elle m'apprenait à tricoter. Je devais enrouler de la laine autour d'une aiguille pour la faire glisser sur une autre afin de confectionner une écharpe pour une poupée que je n'aimais pas.

La concentration était extrême. Le résultat lamentable. Les points irréguliers et les trous de mon tricot lui donnaient un air pitoyable. Suzanne, de ses mains expertes et patientes, remodelait mon travail et lui donnait, en quelques secondes, l'aspect d'un tricot digne de ce nom.

Elle n'avait qu'un seul défaut : elle sentait la sardine. Inévitable, puisqu'elle en vendait tous les matins au marché. Elle se levait au milieu de la nuit, à quatre heures, me disait-elle, pour préparer son banc de poissons et de crustacés. Elle revenait vers une heure de l'après-midi, avec une odeur forte et écœurante collée à ses habits. Pourquoi n'était-elle pas marchande de fruits ? Manger du poisson était la punition du vendredi, « le jour maigre ». Chez elle, j'en mangeais trois fois par semaine.

Son métier ne correspondait pas à sa gentillesse.

Après le déjeuner, elle s'assoupissait sans quitter la table. Elle croisait ses bras, y reposait sa tête et dormait ainsi pendant un temps qui n'en finissait pas. L'ennui revenait.

Elle habitait avec ses parents au centre ville. J'avais remarqué, à quelques portes de chez eux, un magasin dont la vitrine m'hypnotisait.

Suzanne dormait profondément, ronflait paisiblement. C'était le moment.

Je sortais de la maison avec la plus grande discrétion, en prenant garde de laisser la porte d'entrée légèrement entrouverte. Pour la première fois, je marchais seule dans la ville. J'étais fière. J'entrais dans le magasin. Le vendeur, peu habitué à servir une enfant, me demandait :

« Vous désirez ?

– Je voudrais savoir le prix d'un petit cinéma.

– Pardon ? »

Je lui montrais du doigt l'objet dont je rêvais.

« Ah ! Vous voulez dire le prix d'un projecteur ? »

Peu importait les mots. Nous nous étions compris.

En revanche, le prix qu'il m'annonçait restait incompréhensible. Ça ne devait pas être loin du million. Je tâtais dans mes poches les quelques pièces que j'avais économisées. Il me faudrait revenir dans plusieurs années...

Je partais rarement au bord de la mer, à la Côte Sauvage, avec la fille de Suzanne et son mari. Une journée, je découvris des chemins bordés de pins, le sable du bord de mer, la bêtise des adultes.

J'aimais la plage, mais je détestais mon maillot de bain en laine. Il me grattait. Le pire, c'est lorsqu'il était mouillé. Quand je revenais de me baigner, une poche de sable pendait de façon ridicule entres mes jambes. Je ne savais comment m'en débarrasser tant les grains restaient collés à la laine.

Le gendre de Suzanne m'appelait :
« Viens te baigner. Je vais t'apprendre à nager. »
J'hésitais, réfléchissais au déplaisir que j'aurais une fois mon maillot alourdi par l'eau et le sable. Puis, je me laissais séduire par la tentation de savoir flotter.

Il me faisait la démonstration de la brasse qu'il pensait parfaite et que je trouvais grotesque. Particulièrement, le mouvement des jambes pour « faire la grenouille ».

Je l'imitais de mon mieux. Il fallait bien apprendre.
« Maintenant, allonge-toi de tout ton long dans l'eau.
– Oui, mais je vais couler...
– Ne t'inquiète pas. Je vais mettre ma main sous ton menton. »

Obéissante et craintive, je m'exécutais. Magique, mes bras et mes jambes me portaient.

Soudain, le mari retira sa main de dessous mon menton. Ma tête sombrait sous l'eau. Je me noyais. Je remontais à la surface en suffoquant, en crachant. Lui éclatait de rire!

« Ça s'appelle boire une tasse. »

Il l'avait donc fait exprès. Ma panique le rendait hilare. Sa bêtise me pétrifiait. Je tremblais de froid, de mépris.

Il s'excusait, bredouillait qu'il ne le referait plus, m'encourageait à faire une autre tentative. Après plusieurs refus, j'acceptais, en pensant à l'agréable sensation de mon corps lorsqu'il s'était fondu dans la mer.

« Allez, allonge-toi.

— Tu n'enlèves pas ta main sous mon menton ? Promis ?

— Promis ! »

La confiance était revenue. Je nageais. Mon corps avançait avec l'aisance d'un batracien. Je glissais dans l'eau.

Brusquement, il reproduisit l'irréparable. Je m'étouffais une autre fois. Son rire mettait un arrêt définitif à ses prétendus cours de natation. Je revenais vers ma serviette en pleurant, profondément déçue de cet adulte idiot.

Imbécile, il l'était deux fois : d'une façon innée et répétitive.

14

Je quittais sans regret mon école primaire, Chavagnes, pour entrer au collège-lycée Sainte-Marie.

Tout était démesurément grandiose. La cour goudronnée, bordée d'une allée de marronniers qui n'en finissait pas et donnait sur un immense parc dont l'accès nous était interdit. Les salles de classe se suivaient sur plusieurs kilomètres – unité de distance indéfiniment longue –. Les deux étages de l'établissement lui donnaient un aspect d'autant plus solennel.

J'étais impressionnée.

C'était une école où l'on devait travailler.

La cloche sonnait. Des dizaines de filles, toutes vêtues du tablier bleu de l'uniforme, s'approchaient de l'escalier de pierre et se mettaient en rang deux par deux. Chaque file représentait une classe. Sixièmes et terminales étaient à l'extrême opposé. Je calculais le nombre de rangées, deux par classe. Quatorze. Il me faudrait sept ans pour sortir de cette école...

Mère Marie Paul des Anges était en haut des marches. Beauté angélique valorisée par sa cornette, méchanceté satanique dissimulée derrière sa foi. Elle nous toisait de son regard autoritaire, nous sommait de nous taire, nous ordonnait de gravir les marches lorsqu'elle nommait notre classe :

« Les sixièmes. »

Ma classe était au premier étage. Mon professeur principal, Mademoiselle Danezan, boitait et avait une tendance à la surdité. Mon professeur d'anglais, Mademoiselle Branchut, hoquetait. Etait-ce cette langue étrangère qui lui donnait cette voix chevrotante ?

Aucun cours ne m'intéressait. Aucun professeur ne possédait cette passion qui aurait pu me captiver. Il fallait engranger des connaissances, dont je ne saisissais pas toujours l'utilité, afin d'avoir de bonnes notes, ne pas se faire battre par le père. Où était l'intérêt d'apprendre pour le plaisir de découvrir, de mieux comprendre ?

Pendant la récréation, je ne jouais plus au ballon-prisonniers. Plus personne à sauver. J'étais dans l'école des grandes.

Seule ma professeur de gym me séduisait. Elle chronométrait mes performances, mesurait mes sauts et notait sur son cahier mes prouesses. J'étais la meilleure dans sa discipline. Je pouvais enfin répondre à la question que l'on me posait si souvent et à laquelle je n'avais pu répliquer jusqu'alors :

« Qu'est-ce que tu veux faire quand tu seras grande ?
– Prof de gym. »

Une fois par semaine, toutes les élèves se retrouvaient à la chapelle. Le Père François nous donnait la communion. Il me confessait tous les quinze jours. Étrange instant où je me retrouvais, dans ce confessionnal, à genoux devant cet homme.

« Avez-vous péché, ma fille ?
– Oui, mon père, j'ai beaucoup péché.
– Je vous écoute. »

Son haleine fétide me faisait reculer. Les yeux baissés, je dévoilais mes offenses, coupable et honteuse.

« Vous n'oubliez rien ? Vous êtes sûre ? »

Pour lui prouver ma bonne foi, je me devais de rajouter quelques péchés. Je cherchais. N'en trouvais pas. Et affirmais :

« Mon Père, j'ai dit des gros mots. »

Satisfait de cette réminiscence, il me donnait l'absolution. Afin que mes fautes soient pardonnées, il me demandait de réciter quatre « Je vous salue Marie » et trois « Notre Père ».

Je quittais le confessionnal avec une légèreté surnaturelle, délivrée de mes péchés véniels et des sept péchés capitaux : avarice, colère, envie, gourmandise, orgueil, paresse et luxure.

Pourtant, je n'avais pas l'impression de vivre dans le luxe...

Ma mère, dans sa jeunesse, avait été une excellente violoniste. Elle voulait me présenter son professeur de violon. Sa maison était impressionnante. Dans l'entrée, sur les dalles de marbre, trônait une immense sculpture en équilibre sur un piédestal. Maladroite comme j'étais, je me gardais de m'en approcher, de peur de la faire tomber. Mais le plus extraordinaire était sa vitrine où me narguaient des poupées de collection. Je n'en avais jamais vu autant et d'aussi belles. Une, particulièrement : la figurine russe. Je l'observais du coin de l'œil, prêtant une oreille distraite aux paroles échangées.

Vers la fin de la visite, la dame me demandait de choisir dans sa vitrine une des poupées. Sa gentillesse me surprenait. Elle insistait. J'acceptais après l'approbation de ma mère.

Ce n'est que sur le chemin du retour que je comprenais la raison de notre visite chez cette inconnue. En me serrant la main, ma mère m'avouait :

« Cela me ferait tellement plaisir si tu apprenais le violon. Tu veux bien ? »

Je ne savais quoi répondre. Je n'avais pas très envie et le lui disais. Son regard s'assombrissait dans l'instant. Je venais de lui faire de la peine.

« Tu ne peux pas savoir comme j'aimerais que tu joues de cet instrument. »

Je lui accordais un :

« Oui, d'accord. »

Son visage s'illuminait. Je la rendais heureuse.

C'est en regardant la poupée russe que je réalisais la relation avec ce qui s'était passé chez l'étrangère. J'ignorais que cela portait un nom : chantage.

15

J'avais douze ans.
Leur décision était prise :
« Tu seras pensionnaire au Sacré-Cœur, à Ruffec. »
Toute-puissance paternelle qui décide de mon destin sans aucune explication. J'en demandais une, pourtant. Elle fut immédiate : mon redoublement en sixième.
Il justifiait cette mise à l'écart de mon frère et de ma sœur. Je la vivais comme une punition. Ma mère m'expliquait cet exil en me rassurant d'un :
« C'est pour ton bien. »
Qu'y avait-il de bien dans cet éloignement, cette injustice ? Elle préparait ma valise, pliait mes vêtements où mes nom et prénom avaient été cousus. Mes habits ne devaient pas être perdus.
« Ça coûte cher. »
Pour le premier voyage, elle m'accompagnait avec

mon père. Dans la voiture, quelques paroles comblaient un silence pesant, empreint de trahison.

« Pourquoi moi ? »

L'entrée du pensionnat donnait sur un jardin où régnait une atmosphère accueillante et fleurie. J'aurais dû me méfier.

Ma mère me rassurait. Les présentations avec la Mère Supérieure furent expéditives et mielleuses :

« Vous verrez, vous serez bien parmi nous, ma fille. »

Je n'étais pas sa fille, et ma mère allait me quitter. Sœur Hélène nous montrait avec fierté le dortoir des sixièmes. Les dessus de lit aux coins impeccablement carrés annonçaient une rigueur qui ne m'échappait pas.

Mes parents allaient me laisser. J'observais la tristesse silencieuse de ma mère, écoutais douloureusement les derniers mots de mon père :

« Je reviens te chercher dans quinze jours. »

C'était un abandon.

Seule. Étrangère.

Je me retrouvais dos au mur dans un coin de la cour. Des yeux inconnus me balayaient des pieds à la tête. L'inventaire de la nouvelle. Je regardais, droit devant, ignorant rires et apartés qui m'étaient destinés.

Je m'interdisais de pleurer.

La cloche sonnait l'heure du repas à sept heures. Nous entrions au réfectoire, en rang par deux, respectant la règle du silence. La parole nous était restituée à la fin du repas, au dessert.

Le réfectoire. Trois immenses tables où se réfugiaient

une cinquantaine d'élèves. À leur extrémité trônait l'autorité. Sœur Hélène me terrorisait de son regard, me glaçait de ses silences. Ses yeux reflétaient la couleur noire de l'absolue domination. Incarnation parfaite de la suffisance alliée à la perversité. Elle remplissait les assiettes. Nous nous appliquions à les faire passer d'une main à l'autre. La mienne arrivait devant moi. J'observais le liquide jaunâtre où, depuis la veille, s'était noyée de la mie de pain qui prenait l'aspect d'une pâte grisâtre. C'était ainsi que la religieuse-cuisinière convertissait le pain dur.

Le soir, la Mère Supérieure de sa voix laconique et sévère nous lançait :

« Mesdemoiselles, l'étude est terminée, c'est l'heure du dortoir. »

Je quittais la salle d'études en traînant mon ennui. En montant l'escalier, je rêvais de me promener dans les ruelles de la liberté. Tout m'attirait puisqu'on me privait de tout : les places de la ville, les silhouettes qui les frôlent, les chansons, les voix qui les murmurent.

L'heure était au dortoir, non à la rêverie.

Sur trois rangées, les lits séparés par une table de nuit se tenaient au garde-à-vous. Les dessus-de-lit blancs s'harmonisaient parfaitement aux lits en fer et garantissaient l'ambiance d'un hôpital. Dans les armoires murales reposaient nos maigres valises où était rangé le strict nécessaire : vêtements de rechange pour quinze jours.

Nous nous déshabillions, en silence, sous l'œil vigilant de Sœur Bénédicte. Nous arrivions – en virtuose de la pudeur qui nous était imposée – à enfiler nos chemises de nuit sans dévoiler le moindre centimètre carré de notre nudité. Notre robe de chambre, en équilibre sur nos épaules, nous servait de paravent.

Les ressorts des sommiers étaient les seuls bruits tolérés. Un quart d'heure de lecture était autorisé.

De sa voix autoritaire, Sœur Bénédicte annonçait :

« Je vais éteindre la lumière. Bonne nuit, mesdemoiselles. »

Un « bonne nuit, chère sœur » parfaitement synchronisé s'en suivait.

L'ordre et ma révolte intérieure envahissaient ce dortoir de vingt-six lits.

16

Le pensionnat avait l'allure d'une forteresse. Le regard n'avait d'autre choix que de se cogner contre la grisaille des hauts murs qui l'entouraient. Le pire, c'était lorsque les externes quittaient l'école. J'entrevoyais par l'ouverture de l'immense portail vert « l'autre côté de la vie », la part qui m'était interdite. Très vite, je comprenais que je devais me détourner de cette vision fugitive de la liberté. Elle me faisait trop mal.

Lors des récréations, nous n'avions pas le droit de nous promener par deux. Éviter de favoriser des amitiés trop particulières.

Adèle était ma meilleure amie. Ses yeux bleus, d'une douceur extrême, adoucissaient le noir de mes prunelles. Elle apaisait ma révolte, calmait mes colères de détenue. Le partage des mêmes humiliations nous rapprochait. Elle les minimisait, je les dramatisais. La couleur de sa voix était l'écho de la modération, de la discrétion. Tout ce que je refusais d'être. Pourtant sa compagnie m'était indispensable. Seule confidente, seul sourire, seul apaisement.

L'heure du goûter. Pour la première fois, je me frottais à la réalité de « l'inégalité sociale ». Deux tranches de pain étaient distribuées à toutes les pensionnaires. Certaines d'entre elles possédaient une boîte en fer dans laquelle se cachaient des trésors. Marie-Christine faisait partie de ces privilégiées. Lorsqu'elle ouvrait sa boîte, les voix se taisaient, les yeux brillaient.

Mon imagination se débridait.

J'étalais sur mon pain son Nutella, sa Vache qui rit, sa confiture maison. Puis terminais par un BN à la vanille. Après cette orgie virtuelle, je me retrouvais devant mes tranches de pain. Sec.

Mon amour propre m'empêchait de quémander. Sa générosité calculée et condescendante m'accordait parfois un morceau de pâte de fruit.

Celles qui n'avaient rien pouvaient acheter à Sœur Micheline plaquette de beurre ou pot de compote. Il m'arrivait d'en acheter. « Pas plus d'une fois par mois », avait précisé ma mère. Je les conservais précieusement dans mon tiroir, et faisais durer le plaisir le plus longtemps possible. Jusqu'à manger la compote moisie et le beurre rance.

J'étudiais. Je retenais. Cette année de redoublement me facilitait la pénible tâche de ressasser. J'entrevoyais le plaisir d'apprendre.

Chaque fin de semaine, Sœur Hélène remettait les notes, par classement. Elle servait ce rite, mis au service de la compétition, avec un plaisir malsain.
« Première... Marie Guinse. 15,5 de moyenne. »
Tout basculait.
Choc. Joie. Fierté.
A l'annonce de cette nouvelle, mon père avait ajouté : « Je suis fier de toi. »
Enfin... J'avais acquis sa reconnaissance. Je continuerais donc à travailler.

Jeanne, une cousine éloignée de ma mère, habitait à une vingtaine de kilomètres du pensionnat, à Tusson. De temps en temps, elle venait me chercher. Je quittais ma prison pour deux jours.
La grande cour de sa ferme donnait sur des champs et des forêts. La nature s'étalait devant moi, indécente, à profusion.
Cette vue m'étourdissait. Jeanne me proposait de faire une balade à vélo, « à condition d'être prudente ». Se rendait-elle compte du cadeau qu'elle m'offrait ? J'enfourchais ma bicyclette et partais.
Seule. Seule, pour la première fois.
Devant moi s'ouvrait un espace illimité. La route grise traversait les prairies, suivait les platanes. Sa descente abrupte me surprenait, je ne freinais pas et jouissais du vent qui me griffait, du soleil qui m'épuisait.
J'étais libre. Personne pour m'interdire. Rien pour me brider. Je venais de capturer ma première liberté.

Le soir, Jeanne m'initiait à la connaissance du feu. Elle me disait comment utiliser l'haleine du soufflet pour raviver ses flammes. Le dimanche soir, à l'heure du coucher, j'essayais de gagner quelques minutes précieuses afin d'étirer cet instant exceptionnel. Avant de monter dans ma chambre, je faisais une halte dans le salon du fond puis écoutais sur un vieil électrophone de la musique classique, celle que j'écoutais sur les genoux de mon père.

Avant de me raccompagner au pensionnat, Jeanne n'oubliait jamais de mettre dans ma valise un pot de confiture. La confiture, ça dure, ça ne moisit pas vite.

Tous les jours, pendant la récréation de l'après-midi, je faisais mes gammes sur mon violon. La Mère Supérieure m'avait donné « l'autorisation exceptionnelle » de m'entraîner dans le « petit salon ». Instant détesté, où je jouais sur un instrument que j'étais incapable d'accorder. Miaulements, couinements, grincements se succédaient.

Le pire était mes cours avec la vieille femme. Elle s'attendait à revivre par personne interposée les délicieux moments partagés avec ma mère lorsqu'elle était son élève. Sa déception était à la hauteur de ses colères. Elle me terrorisait. Mes doigts tremblaient. L'archet n'en faisait qu'à sa tête.

Ma vue se brouillait en regardant les notes sur la partition, que je peinais à déchiffrer. L'astigmatisme œuvrait depuis quelques années. Cette frontière mouvante me séparait de la vision parfaite. J'ignorais alors que j'avais ce handicap. Lorsque j'osais avouer dans un timide : « Les notes bougent, je ne les vois pas bien », la vieille femme rétorquait : « Tais-toi, impertinente ! Qui m'a fait une élève pareille ? »

« Ma mère, Madame, votre meilleure élève », soupirais-je en silence.

Je persistais à faire hurler mon violon en malmenant les tympans de ce tyran. Juste vengeance retournée envers cette femme qui m'avait achetée pour une poupée de collection.

17

L'été, nous partions dans les Pyrénées avec mes parents. Guchen : petit village écrasé par les montagnes. Les premiers jours, je manquais d'air, leurs sombres parois m'étouffaient.

Je m'évadais et me vautrais dans la liberté pendant un mois.

Âme indépendante, j'avais le culte des grands espaces et des hauteurs. Je bâtissais des rêves qui ne laissaient aucune trace. Seules quelques images qui s'attardaient. Je partais à l'assaut d'une colline, me donnant quelques heures pour la dominer. Une seule suffisait pour me soumettre aux ronces du sentier trompeur qui, vues de notre chalet, semblaient parfaitement inoffensives. Je descendais en maudissant l'hypocrite réalité m'ayant fait croire à la facilité.

Peu importait.

Nous quittions la maison avec mon frère et ma sœur pour n'y revenir qu'aux heures des repas. Nous arpentions les ruelles du hameau avec les adolescents du village. Nous partions à l'abordage des meules de foin. Nous nous roulions dans l'herbe en nous chatouillant. Premières caresses malhabiles où je laissais battre contre mes tempes vie et désir.

J'imaginais Pierre – le Don Juan du village – m'embrasser, me serrer.

Mais son regard suivait d'autres silhouettes.

J'étais laide.

Mon père était avec nous les premières semaines. Généreux le matin, il achetait les pêches par cagettes. Coléreux le soir, il nous grondait pour les avoir englouties en une journée. Il nous amenait visiter la région alentour. Dans la voiture, ma mère posait sa main sur sa jambe. Vision réconfortante, effaçant dans l'instant disputes, peurs et rancunes du passé. Pendant les vacances, il se laissait pousser la barbe. Je n'aimais pas, elle donnait à voir trop de poils blancs. Il n'était pas assez âgé pour arborer ces signes de vieillesse.

Quelques rares fois, mon père et ma mère partaient seuls en excursion. Pour nous, une journée à se prélasser dans les sous-bois où les framboises sauvages s'offraient timidement. Une journée à s'abandonner dans les champs où l'herbe fraîchement coupée, ce jour-là, ne manquait pas de laisser des traces qui allaient m'être fatales.

A la maison, je commençais à laver ma robe du dimanche, mise en cachette un jour de semaine, pour séduire Pierre. Les empreintes vertes de l'herbe résistaient à mes frictions savonneuses. Aucune ne s'atténuait.

De retour au chalet, ma mère ne manquait pas de constater les dégâts qu'elle faisait observer à mon père. Cris. Colère. Une souillure sans appel, une malheureuse désobéissance, ce n'était pas un crime. Mon insoumission. La crise de nerfs de ma mère. Mon crime était là.

Brutalité paternelle.

Au début, mon corps adhérait au moindre de ses coups, à la douleur. Puis je me détachais de sa violence, me réfugiais dans l'abandon, jusqu'à ne plus rien sentir.

Si.

Un calme profond, un apaisement étonnant, presque jouissif.

18

Les vacances prenaient fin. Attendre un an avant de retrouver l'indépendance, les folles après-midis avec les copains de Guchen.

Dès le dimanche après-midi, un mal-être m'envahissait. Je le traînais de pièce en pièce, attendant le dernier moment pour remplir ma valise de vêtements d'occasion. Je récupérais ceux de ma sœur qui, beaucoup plus grande que moi, avait le privilège d'avoir toujours des habits neufs.

Un tourne-disque trônait dans la chambre de mon frère. Il nous invitait, ma sœur et moi, à écouter les derniers tubes sélectionnés par « Salut les copains ». J'imitais parfaitement la voix de Françoise Hardy. Ma sœur avait plus de mal avec Sylvie Vartan. Mon frère lissait ses cheveux à la brillantine. Je le trouvais beau.

Mon père venait d'acheter la télévision. J'étais privée

de ses nouvelles images noires et blanches avant même d'avoir pu les apprécier. A peine le temps de découvrir Steve McQueen dans « Josh Randall » qu'il me fallait me précipiter dans la frégate de mon père qui m'attendait pour me ramener vers l'obscur pensionnat.

Je retrouvais Adèle et son doux visage apaisant. Nous nous racontions nos vacances durant lesquelles nous avions fait provision d'instants légers pour supporter cette vie monacale. Notre amitié était une île où s'exilaient nos rêves et nos espérances.

Un week-end, elle m'invitait chez elle. La surprise était double : le consentement de mon père et la ferme des parents d'Adèle qui fleurait de façon saisissante la misère. Je l'ignorais et jouissais avec Adèle de ces deux jours à nous vautrer dans le vert de l'herbe, des arbres et de notre jeunesse. La Mobylette de sa sœur m'entraînait à une vitesse vertigineuse dans le grand vent de l'indépendance et de la chute : je perdais deux dents, gagnais une fracture au menton et la réprimande sévère de mon père : terminés les week-ends chez les copines. Il ne prenait pas soin de me demander si j'avais mal.

Retour vers l'austérité, l'autorité. Rien ne changeait d'une année sur l'autre. La rigueur, l'ordre immuable me pesaient de plus en plus. Les interdictions m'étouffaient.

Ma rébellion s'exprimait froidement et silencieusement. Pendant l'étude du soir, je mettais à l'épreuve le regard de Sœur Hélène. Elle récitait ses « Ave Maria » du bout des lèvres, je la fixais longuement. Ses joues rougissaient de colère, elle me sommait de baisser les yeux. Mon arrogance lui répondait que mon regard s'était égaré par inadvertance. Je m'excusais ironiquement de cette méprise. Elle n'en rougissait que plus. Victoire absurde qui me réconfortait.

Je m'évadais dans mes rêves. Écrivais mon journal, adressé à un amour imaginaire, Franck. Je déversais sur ces pages toutes les insultes, toutes les colères que je réfrénais à longueur de journée. Je dénonçais l'hypocrisie des bonnes sœurs, leur méchanceté, leurs fourberies. Trop entière pour concéder le moindre compromis. Les punitions tombaient, les avertissements suivaient. Chapitres à recopier, menace d'exclusion. Seul paradoxe, j'étais bonne élève.

Je confiais à Franck des mots tendres et maladroits.
Jamais prononcés.
Ressentis pour la première fois.
Mon premier amour était mythique.

L'hiver, les promenades du dimanche après-midi étaient ce que je redoutais le plus. Non seulement le froid glacial me piquait les jambes et traversait mon manteau trop léger, mais il me frigorifiait le bout des doigts jusqu'à me les brûler. Le souffle de mon haleine, à peine tiède, ne suffisait pas à réchauffer mes mains gelées.

Lorsqu'il nous arrivait de croiser les garçons de l'école Saint-Joseph, une certaine animation envahissait les rangs. Sœur Micheline nous faisait immédiatement changer de trottoir et nous entraînait dans une ruelle loin de ces regards vicieux. À peine le temps de reconnaître un visage, de se faire un signe. Nous avions juste le loisir d'échanger un regard furtif et frustré.

De retour au pensionnat, je collais mes mains violacées sur le radiateur, me garantissant, immanquablement, des engelures.

J'avais convaincu ma mère d'arrêter le violon et lui proposais, en échange, de suivre des cours de piano avec Sœur Cécile. Cet instrument me transcendait. Sa résonance me donnait des frissons. Malgré ma maladresse, la « Sonate au clair de lune » envahissait avec grandiloquence le modeste salon du pensionnat. Ces accords de Beethoven : mes frères d'ambition et d'absolu.

Instant fabuleux où je me retrouvais seule, sans aucun interdit.

19

Dernière année de pensionnat.

Une année... démesurément interminable, où la pression quotidienne des interdits et de l'autorité m'écorchait de plus en plus.

Debout, devant les deux rangées de lavabos, j'esquivais une toilette. Le gant pudique se promenait autour de mon visage, sous ma robe de chambre en nylon, et caressait discrètement le dessous des aisselles. Pour les parties intimes, il fallait attendre le dimanche, le jour du Seigneur.

J'avais dérobé à ma mère un tube de crème qui donnait à sa peau un reflet satiné. Je l'étalais en caressant mes joues – avec volupté – tout en fixant, droit dans les yeux, Sœur Hélène. Elle désapprouvait, en silence, ce qu'elle devait prendre pour de la vanité et qui n'était rien d'autre que du plaisir. Peu importait, les deux étaient péchés.

Je jubilais dans la faute.

Les sœurs, elles, se flagellaient avec leurs offenses à Dieu, qu'elles se faisaient pardonner en égrenant leur chapelet à longueur d'études. Ridicule la coulpe : il suffisait de la commettre, puis de demander pardon.

Sœur Marguerite était la seule à mettre en pratique ce qu'elle nous enseignait. Point de contradictions, chez cette sainte femme. Enfin une adulte qui se tenait à ce qu'elle disait. Discrète, humble et la plus intelligente de toutes les enseignantes. C'était la seule religieuse à avoir un diplôme universitaire. Érudite, elle pouvait parler d'autre chose que de textes religieux.

Allongée sur mon lit, dans le dortoir des troisièmes, je ne trouvais pas le sommeil. Envie de fuir.

Je n'y tenais plus.

Je quittais, sur la pointe des pieds, la chambrée et me dirigeais vers la cellule de Sœur Marguerite. Les coups frappés à sa porte étaient si discrets qu'elle ne les entendait pas. J'essayais à nouveau.

Elle me faisait signe de rentrer, tout en recoiffant sa cornette qu'elle enlevait dans l'intimité. Je lui confiais les brimades, l'hypocrisie, les ordres que je ne supportais plus.

Elle m'écoutait! Attentive, sans me juger. Elle me parlait de mon caractère absolu qui résistait à l'ordre. Me demandait d'être patiente. Il ne me restait plus que quelques mois. Je retournais me coucher, soulagée d'avoir été écoutée. Apaisée, pour la première fois.

C'était un week-end où je rentrais à la maison. Ma sœur me parlait de son petit ami. Faisant beaucoup plus âgée que ses quinze ans, elle avait un succès auprès des garçons que je lui enviais. Elle prenait sa revanche sur les humiliations que je lui avais fais subir quelques années auparavant.

Un ami de mon frère me faisait la cour. Il m'agaçait plus qu'il ne me séduisait. Mais mon désir de flirter l'emportait. Il me suggérait de faire le mur pour le rejoindre à vingt-trois heures avec ma sœur. Celle-ci, à ma grande surprise – je connaissais son peu de hardiesse –, n'opposait aucune réticence.

Très lentement, nous descendions une à une les marches qui menaient au rez de chaussée. Éviter de les faire craquer. Ma mère dormait d'un sommeil profond. Mon père n'était pas là. Arrivées dans le jardin, nous éclations d'un grand éclat de rires. Surprises d'avoir pu, aussi facilement, berner la vigilance maternelle.

Mon premier baiser était répugnant. Je n'y trouvais aucun plaisir. Le seul, cette soirée-là, était de m'être échappée.

Mai 1968.

Une révolution éclatait à Paris et se répandait dans tout le pays. La France était immobilisée. Les raisons ? Comment les connaître dans mon univers carcéral où tout était filtré, espionné, où tout prêtait au soupçon ? Je voulais partager la cause de ces étudiants, même si je ne la comprenais pas. Du pensionnat, je fomentais, maladroitement, une révolte impliquant toutes les troisièmes. Je leur expliquais, brièvement, que nous devions être solidaires du combat mené par les autres étudiants. Nous aussi, nous allions nous opposer à l'ordre. Lorsque la cloche nous sommerait de nous mettre en rang, nous resterions assises, refusant de rentrer en classe.

Au premier tintement de la cloche, personne ne bougeait. Au second, j'étais la seule à n'être pas rentrée dans le rang. Convocation chez la directrice. Renvoi inévitable.

Il fallait le talent de persuasion de mon père pour la convaincre de me garder jusqu'à la fin de l'année. Le BEPC était dans deux mois.

Nous parlions avec Adèle des lettres que nous allions échanger une fois le pensionnat quitté, des rendez-vous que nous nous donnerions à Angoulême dans les cafés... Nous imaginions notre avenir de l'autre côté de ces murs gris.

Ces quatre années de mise à l'écart avaient enfoui les repères de mon enfance. Ma famille ne m'avait pas vraiment aidée à affronter cet exil. Le seul repère constant : moi-même. Je commençais à en apprécier la valeur.

20

Après ces années de censure au collège, je n'hésitais pas à laisser la parole à mes maladroites opinions. J'avais besoin de parler comme d'autres ont besoin de respirer, persuadée qu'il suffisait de s'exprimer pour apprivoiser des idées. Je comblais mon ignorance par mon pouvoir de conviction. Laissant de côté le difficile travail de lecture et de recherches, privilégiant le ressenti à la réflexion.

Je me croyais bonne élève et découvrais l'étendue de mes lacunes dans toutes les matières. Au lycée, je me retrouvais en queue de classe sans comprendre ce qui pouvait justifier un tel contraste avec les années précédentes. La réponse m'était donnée au détour d'une discussion entre professeurs :

« Marie Guinse ? Pas étonnant, elle vient du Sacré-Cœur. »

Ainsi, ce que je pressentais au collège – l'incompétence des religieuses qui m'avaient fait croire à de présumées connaissances – s'avérait. Je ne savais pratiquement rien. L'internat m'avait formée à la rigueur et au travail. Je me plongeais, sans aucune difficulté, dans mes livres pour rattraper mon énorme retard.

J'avais retrouvé la table familiale. Assise face à mon père, je l'écoutais, le harcelais de questions et restais captivée par ses connaissances, que je faisais miennes dans l'instant, que je tentais de contredire le lendemain.
Mon frère partageait sans conviction ces joutes verbales. Ma sœur nous écoutait. Ma mère devenait de plus en plus absente. Sa surdité grandissante semblait un alibi pour prendre une distance vis-à-vis de ce monde. Elle s'en désintéressait de plus en plus.
Je m'y projetais de tout mon être.

Un beau jour de printemps, nous changions de statut social. Mes parents avaient acheté une vieille maison qu'ils avaient fait rénover et avaient décorée façon nouveaux riches. Armoires d'époque, chaises Louis XIII, tentures de velours. Je m'imprégnais rapidement de ce nouveau climat : bourgeois. Je décollais de ma peau la honte pénétrante du manque.

Ma condition inférieure, en tant que fille, était particulièrement valorisée lorsque le patriarche invitait ses amis à la maison. Il nous prenait ma sœur et moi pour ses domestiques et jouait le grand jeu du père qui a su dresser ses filles. De la salle à manger, il nous prévenait du changement d'assiettes en faisant tinter une clochette. Je détestais ce rôle qui le valorisait tout en m'écrasant.

Mon père recevait et buvait beaucoup, ma mère subissait ces fêtes auxquelles elle restait étrangère.

La débauche frôlait la pudibonderie.

C'était ma sœur qui, la première, m'alarmait d'une présence féminine près de mon père :

« Je l'ai vue plusieurs fois dans sa voiture. Elle est très jeune, tu sais... »

La révélation confirmée, je ressentais la profonde trahison éprouvée par une épouse délaissée. J'aimais mon père passionnément. Il venait de me tromper.

Au nom de ma mère ignorante, j'osais lui poser des questions sur cette relation, après plusieurs jours d'hésitation. La réponse injonctive mettait fin à une ébauche de dialogue.

« Les enfants n'ont pas à juger leurs parents ! »

A cette trahison s'ajoutait le mensonge. Il confiait le jour-même à ma mère que je lui avais tenu des propos indignes d'une fille à son père.

C'est ce jour-là que je commençais à haïr celui que j'avais admiré, vénéré, adoré.

Le père était tué.

21

J'avais dix-sept ans...
Dans un champ, allongée à même l'herbe, je regardais les haies, tapissées de verts multiples. Elles ressemblaient chaque soir davantage aux heures flétries où avait disparu mon enfance. Et pourtant, il faisait chaud. Et pourtant, il faisait beau.

A travers la fenêtre de ma chambre, les premiers rayons de soleil se collaient sur ma peau.

Ou alors, c'était le souffle glacial de l'automne, inconstant, presque impalpable, semblable à quelques improbables promesses soulevant peu à peu les feuilles des chênes avoisinants.

Imperceptiblement, des désirs indéfinissables m'envahissaient à certaines heures du matin ou du soir. Je n'en parlais à personne, n'ayant personne à qui les confier.

Tout me ramenait à moi.
La vie. La jubilation. La curiosité.
Demain s'ouvrait sur de multiples possibles où je rêvais de tout et où tout m'attendait. Absolue.

Une fois, je voulus me faire peur. Je pris une lame de rasoir et déchirai la peau de mon poignet gauche. Je regardais le sang couler, fière d'avoir eu ce courage. Je pleurais et aurais voulu partir. Quitter ce monde et son absurdité.

Ma mère attendait que mon père revienne. Mon frère me provoquait du haut de sa stupide virilité. Ma sœur se maquillait. Mon père rentrait et c'était la fête. Les lettres d'Adèle s'espaçaient de plus en plus. Je jouais du piano. Me noyais dans mes livres romanesques et pensais au désir d'abandonner cette famille qui n'était plus tout à fait la mienne.

Le dimanche, après la messe en latin, visite chez des voisins. Partage du gâteau à la farine de maïs. Pas assez sucré. Je les regardais, les écoutais et déjà me sentais ailleurs, absente à leurs jugements, à leurs esprits étroits. Petits. Je les quittais soulagée, honteuse de ne pouvoir les aimer plus.

Je rêvais de vivre en dehors de cette famille, de ses interdits, de ses préjugés. Pas facile pourtant de la fuir quand tout vous ramène à elle. Que faire quand les moyens de vos envies vous échappent ?

Attendre.

Il m'arrivait de chanter.

J'allais en cachette dans la chambre de mon frère, installais le pick-up et devant la seule armoire à glace de la maison, imitais la dame en noir dans sa plus belle histoire d'amour :
« Du plus loin qu'il me revienne
L'ombre de mes amours anciennes
Du plus loin du premier rendez-vous
Du temps des premières peines
Lorsque j'avais quinze ans à peine... »
Je chantais ses amours anciennes ignorant tout des miennes.

Mon frère bénéficiait de la voiture de ma mère et de l'indépendance due à son sexe. A dix-sept ans, je n'avais toujours pas l'autorisation de sortir le soir. Restaient les samedis après-midi, avec seulement en poche l'argent – piqué dans la veste de mon père – pour payer un café. Des heures interminables à discuter toujours à la même table, n'ayant pas les moyens de changer de bistrot.

22

Je devenais la confidente de ma mère. Lui cachait la vérité sur mon père. La rassurait avec des mensonges.

Les rôles s'étaient inversés. Elle s'évadait dans ses prières, suppliant Dieu que son mari ne la quitte pas. Elle l'aimait comme aux premiers jours. Il l'avait mise de côté depuis des années. Inappliquée à son apparence, elle n'avait jamais tenté de le séduire. Malgré ma haine grandissante, mon père continuait à me captiver.

Le lycée Saint-André devait regrouper toutes les jeunes filles bourgeoises du Plateau d'Angoulême. J'endossais leurs poses, leurs façons de s'habiller. Je fardais ma voix de leurs intonations snobs et me moulais dans le carcan de leur condescendance. Le prix à payer pour qu'elles ne perçoivent pas notre différence de milieu. Même si je venais d'en changer, je ne m'y étais pas encore habituée.

Les samedis après-midi se suivaient de façon monotone. Assise, seule à une table du « Drugstore » – lieu à la mode qui venait de s'ouvrir –, je feignais de lire afin de me donner la consistance d'une personne érudite.

Un jeune homme, inconnu, me fixait. Regards furtifs échappés d'une connivence en devenir. J'accélérais le destin d'un geste en sa direction, lui demandant de me rejoindre. Autour de nos tasses de café, nous échangions les mots banals de l'approche, de l'apprivoisement, de la séduction. De cinq ans mon aîné, il avait déjà acquis une maturité que ma naïveté inattendue valorisait. Il m'attirait. Je le déconcertais.

Il me proposait d'aller au cinéma. Je refusais. Je n'avais pas d'argent. Je prétextais que le film ne m'intéressait pas, alors que j'étais hypnotisée par le grand écran.

À notre deuxième rencontre, il me proposait de me ramener chez moi, en voiture. Je goûtais au plaisir de l'indépendance par Simca 1000 interposée.

Il était étudiant à la faculté de Poitiers. Nos retrouvailles, chaque vendredi, étaient une véritable fête. J'aimais pour la première fois. Je lui écrivais la semaine, nous discutions interminablement tout le week-end. Il me faisait découvrir la philosophie, les caresses, le vin, le restaurant...

Il ne lui fallait pas moins d'une heure – malgré un grand pouvoir de conviction – pour persuader ma mère de me laisser sortir :

« Vous avez passé l'après-midi ensemble et allez vous revoir demain. Ça ne suffit pas ? »

Non, ça ne suffisait pas.

« Nous allons au cinéma, insistait-il avec gentillesse. Nous revenons aussitôt après. »

Cette autorisation, arrachée de haute lutte, ne m'était accordée qu'une fois tous les quinze jours. Nous nous devions de convaincre ma mère chaque fois que l'occasion se représentait.

Lui...

La finesse de ses traits étaient à la hauteur de son élégance. Son raffinement me ravissait : costume, cravate assortie à la chemise et aux chaussettes. J'imaginais son apparence être l'écho de ses pensées, notre amour infini.

Adolescente avec des rêves, allais-je devenir une adulte qui saurait appréhender ses désillusions ?

Six mois passés, je lui offrais le premier ancrage dans mon corps nu.

Peur.

Pudeur.

Résistance.

Simulation d'abandon.

Plaisir fictif lui faisant croire à un émoi et me donnant l'illusion d'être devenue femme.

23

Malgré mes efforts intensifs au lycée, j'arrivais péniblement à combler mes lacunes. Toutefois, je progressais rapidement en anglais, matière qui me passionnait. Plus précisément, j'étais séduite par mon professeur. Elle parlait cette langue étrangère avec une telle aisance, une telle flamme, qu'elle me communiquait sa fougue, instantanément. Inhabituée au collège à une telle compétence, je restais médusée par l'enthousiasme de cette enseignante. J'apprenais. J'apprenais. J'apprenais. Découvrais «Lagarde et Michard», les mathématiques modernes – auxquelles je ne comprenais rien –, l'abstraction m'ayant toujours fait horreur.

Les quatre ans d'exil en pension m'apportaient un regard plus critique et plus neuf que mon frère et ma sœur sur notre famille. Des changements – l'alcoolisme de mon père, la mélancolie de ma mère – avaient éraflé progressivement le quotidien que j'avais quitté avec tant de regrets puis idéalisé avec la distance. Ces déformations me sautaient au visage, m'aidant ainsi à quitter plus aisément l'insouciance de mon enfance.

Pourtant, je ne pouvais nier le plaisir partagé avec mon père lorsque nous commencions nos joutes oratoires.

C'était l'année de ma terminale.
La semaine : les études.
Le week-end : des heures à discuter de la vie, à la découvrir par l'entremise de l'amoureux.

Je lui parlais de mon désir d'aller faire mes études aux États-Unis. Il me confiait le manque de patience qu'il aurait à m'attendre. Prendrais-je le risque ?

La question ne se posait que quelques mois. La honte venait de salir notre famille : j'étais enceinte... L'automne après mon bac, à peine le temps de commencer à rêver mon avenir, que le présent mettait un terme à tous mes projets : études, voyages, découverte du monde que j'avais à peine eu le temps d'entrevoir...

A vingt ans, j'étais mère.

Epilogue

Pourquoi ai-je le désir, aujourd'hui, de revoir Adèle ? Besoin de revenir vers cette adolescence brûlée, gaspillée.

Impossible à oublier.

Je retrouve ses traces avec une facilité déconcertante. Je l'appelle. Je franchis la frontière mouvante du temps qui s'est écoulé. Trente-cinq ans...

« C'est Marie... Marie Guinse... Comment vas-tu ? »

Elle ne reconnaît pas ma voix, mais se rappelle de moi.

Nos rires s'arrêtent au bord de l'étonnement, de l'émotion. Je lui propose de nous rencontrer. Elle vient à la maison le week-end prochain.

Le soir est déjà tombé lorsqu'elle descend de sa voiture. Nous nous serrons dans les bras. Elle pleure... Tout frissonne. Tout chavire. Toute notre amitié est là. Je n'ai pas encore vu son visage. La lumière incertaine de la nuit m'empêche de la retrouver.

Nous rentrons à la maison. Ses traits me sont étrangers. Sa voix... à peine reconnaissable. Je cherche des détails qui la ramèneraient au souvenir que j'avais d'elle. Le temps a effacé sa jeunesse. C'est une femme de cinquante ans qui m'observe, me sourit.
Elle ne me reconnaît pas non plus.
Deux inconnues.

Et pourtant...
Les souvenirs du pensionnat reviennent dans l'instant. Les siens ne sont pas forcément l'écho des miens.
« Tu sais que nous étions dans une école pour pauvres ? »
Je l'ignorais.
« Mais ce n'était pas la raison pour laquelle on m'avait envoyée là-bas, me confie-t-elle. En fait, on m'avait éloignée de la violence de mes parents. »
Je ne retrouve pas la réserve, la timidité de son adolescence. Elle parle sans craindre le moindre jugement. La confiance est là. Immédiate. Rapprochement confidentiel. Sans retenue.
Nos deux histoires s'enchevêtrent, s'éloignent puis se recoupent à nouveau. Je l'écoute.
Elle me raconte comment Sœur Hélène avait fait basculer sa vie en affirmant à sa mère que ce n'était pas la peine qu'elle poursuive ses études après la troisième. Depuis, le manque de confiance stagne en elle et ne l'a jamais quittée.
Que s'est-il passé pour elle ce jour-là ? « Ce que j'ai ressenti alors, c'est des années plus tard que j'en ai compris la portée. Chaque jour a été un combat pour me rac-

crocher au peu d'assurance qui me restait. J'avais perdu toute estime de moi. Je suivais mes études le jour, et pour pouvoir les payer, je travaillais les week-ends et le soir.»

Elle est aujourd'hui architecte et, malgré cette réussite, elle ne cesse de se sous-estimer.

Les paroles dévalorisantes de Sœur Hélène l'avaient déstabilisée. Elles avaient touché quelque chose de sensible en elle, de déjà meurtri. Ces mots avaient réveillé une douleur ancienne, installée depuis l'enfance et qui était devenue insupportable.

Blessure retrouvée. Elle ne s'en était toujours pas remise. Pas de compagnon depuis des années. Pas d'enfants.

Déconcertant le temps...

Nous passons des heures à nous remémorer l'époque du pensionnat, en mettant de côté notre amnésie de trente-cinq ans.

«Tu sais, je t'en ai beaucoup voulu quand tu m'as délaissée pour aller avec Marie-Christine.»

Sans détour, elle ajoute :

«En fait, tu étais mon premier amour.»

Déroutante révélation des secrets les plus intimes.

Le lendemain, le flot continu de nos souvenirs reprend dès le petit-déjeuner. Seulement une fois ou deux, je saisis au détour d'une expression, d'une intonation l'image éphémère de ses quinze ans.

Elle m'écoute. Je lui parle de mes deux vies.

Mon mariage. La naissance de mes trois garçons. Le décès de mes parents. Années où je m'aperçois que je passe à côté de l'essentiel. Mon mari se suffisait à lui-même. Il ne me demandait rien, et en retour exigeait la même chose. Je ne m'affirmais pas dans le statut de mère au foyer. Et pourtant, je donnais à l'éducation de mes enfants la priorité.

Je m'opposais à la pesanteur du quotidien, à la paresse, à la facilité. Je donnais des leçons particulières et suivais assidûment des cours de piano et de danse. Vie de petite bourgeoise accomplie.

Malgré toutes ces gesticulations, j'avais le sentiment de me nier. Je me moulais dans mon rôle social pendant des années en assassinant des sentiments fondamentaux pour moi.

Puis, je lui parle de la croisée inattendue de deux chemins. Mon divorce après vingt ans. La rencontre avec mon compagnon d'aujourd'hui. Histoire où nos manières de vivre nous opposent, où l'essentiel nous réunit. L'essentiel qui gravite autour de l'échange, du regard sur les autres, de l'intérêt sur le monde, des voyages pour le découvrir.

Il m'encourage à reconquérir cette indépendance qui m'était si chère lorsque j'étais adolescente. Je commence, à trente-huit ans, les études que j'avais rêvé d'entreprendre à dix-huit. J'obtiens une maîtrise d'histoire : une des plus grandes surprises de ma vie.

La volonté, la détermination de mon adolescence me reviennent. La confiance, la stimulation de mon compagnon, tout me donne les moyens de me réaliser. Enfin.

J'explique à Adèle comment j'ai accédé à la femme que je suis en redonnant la parole à l'adolescente que j'étais. L'abandon des rôles, des modèles prédéfinis. Aujourd'hui, je renonce à l'approbation de la majorité frileuse en acceptant la solitude et les jugements que suppose toute démarche de différence et d'indépendance. Chaque épreuve me stimule. Elle me ramène à un enthousiasme et des élans que j'ai toujours eus.

Si, au début, un refus ou un obstacle m'ébranle, très vite, j'affronte la situation et je me bats. Il ne s'agit pas pour moi de gagner, mais de ne pas m'égarer dans quelque compromission que ce soit.

« Tout l'inverse de moi, en fait. Je me nie trop », conclut Adèle.

Nous partons nous perdre dans la forêt de chênes à la lisière de la maison. Pendant cette promenade, je tente de lui redonner cette confiance qui lui manque tant, de lui apporter les mots qui consolent, qui réparent.

Les années n'ont rien saccagé de cette amitié restée en suspens.

À la fin du week-end, elle m'annonce, soudainement :
« J'ai pris une décision, je vais aller la voir.
– Qui donc ?
– Sœur Hélène. »

Elle part et semble déterminée à renoncer à sa plus ancienne blessure. C'est bien ce qui la rend pathétique et sublime.

Le mois suivant, les deux inconnues à l'adolescence identique se retrouvent à la maison. Elle m'a prévenue au téléphone :
« J'ai une grande nouvelle à t'annoncer ! »
Ces retrouvailles, comme les premières, ne m'accor-

dent pas le moindre indice auquel je pourrais accrocher la réminiscence de l'image de ses seize ans. Je ne la reconnais toujours pas.

Étrange sentiment, cette inaccessible reconnaissance.

Adèle semble radieuse. Elle ne tarde pas à me raconter en détail la rencontre qu'elle a provoquée la semaine passée. Sœur Hélène a réfugié sa vieillesse à Villeneuve, dans un petit village de la Vienne. Adèle est face à cette religieuse octogénaire de qui se dégage une odeur de petite bourgeoise. Elle ne parle que d'elle, empreinte du passé, ne cédant rien au présent. Cette silhouette doublement vieillie par le repli sur soi, le manque d'intérêt au monde d'aujourd'hui.

Elle se rappelle vaguement d'Adèle. Celle-ci pensait retrouver le monstre qui l'avait démolie et découvre une petite fille, immature et fragile.

« Je me suis sentie plus forte qu'elle. »

Au moment de prendre congé, Adèle se retourne vers elle et lui confie en pleurant :

« Vous m'avez fait beaucoup de mal, vous savez.

– De quelle façon ?

– Le jour où vous avez affirmé ma stupidité et mon incapacité à poursuivre des études. »

Sœur Hélène prend sa tête dans ses mains en murmurant :

« Pardon, pardon... »

Dans l'instant, Adèle ressent une libération inouïe : l'envol de sa haine, la délivrance de sa rancœur.

Depuis, elle se reconstruit et nous nous retrouvons régulièrement.

Mise en page et composition
Françoise Digel

L'HARMATTAN, ITALIA
Via Degli Artisti 15 ; 10124 Torino

L'HARMATTAN HONGRIE
Könyvesbolt ; Kossuth L. u. 14-16
1053 Budapest

L'HARMATTAN BURKINA FASO
Rue 15.167 Route du Pô Patte d'oie
12 BP 226
Ouagadougou 12
(00226) 50 37 54 36

ESPACE L'HARMATTAN KINSHASA
Faculté des Sciences Sociales,
Politiques et Administratives
BP243, KIN XI ; Université de Kinshasa

L'HARMATTAN GUINEE
Almamya Rue KA 028
En face du restaurant le cèdre
OKB agency BP 3470 Conakry
(00224) 60 20 85 08
harmattanguinee@yahoo.fr

L'HARMATTAN COTE D'IVOIRE
M. Etien N'dah Ahmon
Résidence Karl / cité des arts
Abidjan-Cocody 03 BP 1588 Abidjan 03
(00225) 05 77 87 31

L'HARMATTAN MAURITANIE
Espace El Kettab du livre francophone
N° 472 avenue Palais des Congrès
BP 316 Nouakchott
(00222) 63 25 980

L'HARMATTAN CAMEROUN
BP 11486
Yaoundé
(00237) 458 67 00
(00237) 976 61 66
harmattancam@yahoo.fr

604313 - Avril 2015
Achevé d'imprimer par